Eugen Kalau vom Hofe
Unsere Flotte im Weltkriege 1914/15

Eugen Kalau vom Hofe

Unsere Flotte im Weltkriege 1914/15

ISBN/EAN: 9783955641801

Auflage: 1

Erscheinungsjahr: 2013

Erscheinungsort: Bremen, Deutschland

@ EHV-History in Access Verlag GmbH, Fahrenheitstr. 1, 28359 Bremen. Alle Rechte beim Verlag und bei den jeweiligen Lizenzgebern.

Unsere Flotte
im Weltkriege 1914/15

Dem deutschen Volke geschildert
von
Kontreadmiral Kalau vom Hofe

Abgeschlossen Ende Februar 1915

Mit neun Kartenskizzen

Berlin 1915 / Ernst Siegfried Mittler und Sohn
Königliche Hofbuchhandlung, Kochstraße 68—71

Vorwort.

Unsere Flotte steht in schwerem Kampf gegen feindliche Übermacht; auf ihre Vernichtung hat England es abgesehen und dazu den Weltkrieg in listiger Weise vorbereitet und entfacht.

Schon haben die Heldentaten unserer Kreuzer im Auslande, nicht minder der kühne Wagemut unserer Kriegsschiffe auf und unter dem Wasser, der deutschen Flagge unvergänglichen Ruhm erworben. Unter den denkbar schwierigsten Verhältnissen haben unsere Seeleute mit unvergleichlicher Tapferkeit gefochten; mit einer Todesverachtung, die Freund und Feind die höchste Bewunderung abnötigte, haben sie die Ehre der deutschen Flagge bis in das kühle Seemannsgrab verteidigt. Die Feuertaufe hat unsere junge Marine über jede Erwartung glänzend bestanden; sie ist würdig an die Seite unseres ruhmbedeckten Landheeres getreten.

Wahrlich, das deutsche Volk darf stolz auf seine Flotte sein!

Mit großer Spannung verfolgt jeder Deutsche die Ereignisse auf der See, wo nach langer Friedenszeit mit neuen Waffen und Schiffen gekämpft wird, die an gewaltiger Wirkung alles bisher Bekannte in den Schatten stellen. Nach langer Zeit finden die Seeleute des alten Albion wieder einmal in denen des jungen Deutschland ebenbürtige Kämpfer. Hoffentlich gelingt es der deutschen Einmütigkeit und Tüchtigkeit, auch zur See obzusiegen und die Alleinherrschaft Englands auf dem Weltmeere zu unserm und aller Völker Heil endgültig zu brechen.

Die kleine Schrift ist ein Versuch, die bisher vorliegenden Nachrichten von den Ereignissen auf den Seekriegsschauplätzen zu sichten und zusammenzufassen für alle die zahlreichen Freunde unserer Flotte, die in Gedanken unsere Kriegsschiffe begleiten.

Der Verfasser.

Inhaltsverzeichnis.
                                                               Seite
Vorwort III
Helgoland 1
Gewitterwolken 3
Seestreitkräfte hüben und drüben 5
    Deutsche Kriegsschiffe im Ausland 5
    Deutsche Kriegsschiffe in der Heimat 6
    Die feindlichen Flotten 7
England erklärt den Krieg 9
Die ersten Schläge 12
    Der Vorstoß gegen Libau am 2. August 1914 12
    S. M. S. „Goeben" und „Breslau" verlachen die Feinde im
        Mittelmeer 16
    Der Dampfer „Königin Luise" streut Minen in der Themse-
        mündung, 6. August 1914 22

Ostsee.
Der Beginn des Seekrieges in der Ostsee 24
    Mit dem „Alcor" in Hangö, 1. August 1914 25
    Der Verlust der „Magdeburg", 26. August 1914 30
    Der Untergang des russischen Kreuzers „Pallada", 11. Oktober 1914 33
Die deutsche Flotte beherrscht die Ostsee 33
    Unerwarteter Erfolg der Fähre Saßnitz-Trelleborg, 9.September 1914 36

Der Kreuzerkrieg.
Vom Wesen des Kreuzerkrieges 37
Das Kreuzergeschwader 39
    Das Gefecht bei Santa Maria am 1. November 1914 41
    Das Gefecht bei den Falkland-Inseln am 8. Dezember 1914 . . 46
Der Kreuzerkrieg im Atlantischen Ozean 56
    Hilfskreuzer „Kaiser Wilhelm der Große" 62
    Gefecht zwischen dem deutschen Hilfskreuzer „Cap Trafalgar" und
        dem englischen Hilfskreuzer „Carmania", 14. September 1914 . 65
Der Kreuzerkrieg im Indischen Ozean 70
    S. M. S. „Königsberg" 70
    S. M. S. „Emden" 72
    S. M. S. „Ayesha" 82

Nordsee.

	Seite
Beginn des Seekrieges in der Nordsee	82
Der Hungerkrieg gegen Deutschland	83
Die deutsche Offensive gegen die englische Ostküste	84
Der Überfall bei Helgoland am 28. August 1914	86
Weitere kriegerische Ereignisse in der Nordsee	95
Die Versenkung des „Pathfinder", 5. September 1914	95
„U 9" versenkt drei englische Panzerkreuzer, 22. September 1914	97
Der Gegenangriff der englischen U-Boote	98
Der englische Kreuzer „Hawke" zerstört, 13. Oktober 1914	99
Das Seegefecht nahe der holländischen Küste, 17. Oktober 1914	99
Lazarettschiff „Ophelia" von den Engländern geraubt, 17. Okt. 1914	101
England versucht vergeblich, die Nordsee zu beherrschen	102
Fortsetzung der deutschen Offensive gegen die englische Ostküste und den Kanal	104
Die Beschießung von Yarmouth, 3. November 1914	104
Untergang des englischen Linienschiffes „Audacious", 27. Okt. 1914	106
Die Versenkung des englischen Kreuzers „Hermes" und weitere Erfolge deutscher U-Boote	107
Die Beschießung englischer Küstenplätze und der englische Fliegerangriff auf Cuxhaven	108
Angriff deutscher Marineluftschiffe auf die englische Ostküste	110
Die Versenkung des englischen Linienschiffes „Formidable"	110
Das Seegefecht in der Nordsee am 24. Januar 1915	110
Deutsche Unterseeboote gelangen in die Irische See	116

Verzeichnis der Skizzen.

Plan von Libau	14
Übersichtsskizze zu den Ereignissen in der Ostsee	29
Das Seegefecht bei Santa Maria, 1. November 1914	43
Das Seegefecht bei den Falkland-Inseln, 8. Dezember 1914	51
Das Seegefecht bei Rio del Oro, 26. August 1914	63
Kreuzfahrt der „Emden"	75
Das Seegefecht zwischen der „Emden" und der „Sydney" bei den Kokos-Inseln, 9. November 1914	79
Das Seegefecht bei Helgoland, 28. August 1914	91
Das Seegefecht in der Nordsee, 24. Januar 1915	114

Helgoland.

Dieses kleine morsche Felseneiland wurde im Jahre 1807 von den Engländern besetzt und als Stützpunkt ihrer die Kontinentalsperre durchbrechenden Schmuggelschiffe benutzt. Millionen sind dort umgesetzt worden. Es machte später den Engländern keine reine Freude, weil es nicht genügend Einnahmen brachte, um die Unterhaltungskosten der englischen Herrschaft zu decken. Schon zu einer Zeit, als deutsche Staatsmänner sich um die politische Bedeutung der kleinen, unmittelbar vor unseren Flußmündungen gelegenen und naturgemäß zu Deutschland gehörenden Insel noch keine Sorge machten, empfand der jugendliche, für die Größe des geeinten Vaterlandes glühende Prinz Wilhelm von Preußen auf seiner ersten Seereise im Jahre 1872 nach England zum Besuch der Großmutter den Umstand, daß die deutschen Schiffe beim Passieren von Helgoland die dort hoch wehende englische Flagge pflichtschuldigst zu grüßen hatten, als eine unerträgliche Zumutung. Sein lebhafter Wunsch, Helgoland wieder deutsch zu machen, wurde gestärkt durch die frühreife Einsicht in die Bedeutung des Welthandels für die Volkswohlfahrt, in die Notwendigkeit einer starken deutschen Flotte zum Schutz der Handelsschiffahrt und der heimischen Küsten.

Alsbald nach seinem Regierungsantritt ließ der junge Kaiser mit der englischen Regierung Unterhandlungen pflegen, die im Sommer 1890 zur Übergabe Helgolands an Deutschland führten. Allerdings ließen sich die Engländer, welche die hohe strategische Bedeutung des kleinen Eilands wohl erkannten, nur schwer herbei und forderten für ihre Gutwilligkeit die bessere Hälfte unserer eben erworbenen Kolonie in Ostafrika. Sie beruhigten sich durch das Bewußtsein, ein gutes Geschäft zu machen, durch die Gewißheit, daß sie Helgoland jederzeit, wenn es ihnen wichtig erscheinen sollte, mit ihrer Flottenmacht wieder nehmen könnten. Die kleine deutsche Flotte nannten die Engländer damals „Willys Spielzeug". Die Erinnerung an diese Tatsachen und an den Unterschied zwischen damals und heute zwingt jeden ehrlichen Deutschen zu höchster Anerkennung der zielbewußten Regierungstätigkeit unseres Kaisers. Ihm verdanken wir unsere stolze Kriegsflotte, die er, unbeirrt durch den anfänglichen Widerstand des Reichstages und den Rat weniger weitblickender Staatsmänner auf die heutige Höhe gebracht hat. Im Wetteifer mit unserem ruhmreichen Heere wird sie keinen Gegner fürchten, und sollte ihr im Kampfe mit einem überlegenen Feinde der Untergang beschieden sein, so wird das deutsche Volk kein Opfer scheuen, um sie stärker wiederherzustellen.

Das große Werk des Kaiser Wilhelm-Kanals hat erst durch den Erwerb von Helgoland die ihm heute innewohnende hohe strategische Bedeutung erhalten. Selbst wenn die Engländer die Insel nicht, wie wir es getan, stark befestigt und mit Einrichtungen für die Zwecke der Flotte versehen hätten, würden sie hier einen wertvollen Stützpunkt gefunden haben, um unsere Flußmündungen so eng zu blockieren, daß überhaupt kein Schiff heraus oder hinein gekonnt hätte; Wilhelmshaven mit den dort befindlichen Kriegsschiffen hätte auf Teilnahme am Kriege verzichten müssen. In Wirklichkeit scheut sich heute die übermächtige englische Flotte, sich in die Nähe von Helgoland zu begeben und dort eine Entscheidungsschlacht anzubieten aus Furcht vor den dort aufgestellten großen Brummern, den Minen und U-Booten. Mit Bitterkeit macht die heutige Generation in England dem Premierminister Salisbury Vorwürfe, daß er Helgoland aus der Hand gegeben und seinen Wert nicht richtig eingeschätzt hätte. Es war also kein gutes Geschäft?

Gewitterwolken.

Mit der Anfang dieses Jahrhunderts begonnenen Zusammenziehung der englischen Flotte in der Nordsee, unter Schwächung der auswärtigen Stationen und fast völliger Entblößung des Mittelmeeres von englischen Kriegsschiffen, ging eine gewaltige Vermehrung des Schiffsbestandes einher, die ungewöhnliche Anforderungen an die englischen Steuerzahler stellte. Die Gutwilligkeit der letzteren suchte die englische Regierung durch Zeigen des Invasionsgespenstes, durch gefälschte Angaben über die deutschen Rüstungen und Rüstungsabsichten zu erwecken und zu stärken. Denselben Zweck, aber auch die Täuschung des Auslandes und besonders den Fang deutscher Friedensfreunde jeder Gattung, hatten die Vorschläge des phantasievollen Marineministers Churchill, die beiderseitigen Flottenrüstungen im Verhältnis 16:10 zu beschränken und mit einem Werft- und Schiffbaufeierjahr die „unter dem Joch der schweren Kriegsrüstungen keuchend sich hinschleppenden Völker" zu erfreuen. Die deutsche Marineverwaltung sollte dadurch zu falschen Maßnahmen bei der Ausführung des Flottengesetzes verführt und den deutschen Politikern der Gedanke beigebracht oder, wo er schon vorhanden war, gestärkt werden: Gegen Englands Macht ist und bleibt Deutschland hilflos, so sehr es auch seine Flotte vermehrt, die so viel Geld kostet; England kann immer das Doppelte dagegen setzen. Gebt ihr hingegen das Flottengesetz auf und schafft die Flotte ab, so ist Englands Wohlwollen mit allem Schönen, das ihr euch wünscht, euch sicher — natürlich keine neuen Kolonien oder dergleichen Sachen, von denen ihr nichts versteht und die nur für Engländer von Gott bestimmt sind.

Eine Änderung der bewährten Marinepolitik des Großadmirals v. Tirpitz, die deutsche Flotte zu einer harten Nuß zu machen, die man lieber ungeknackt läßt, war natürlich ausgeschlossen. Das gesamte deutsche Volk trat in seltener Einmütigkeit und mit erfreulichem politischen Verständnis für diese Politik ein. Das Denken an die harte Nuß wird gewöhnlich als der Risikogedanke des Flottengesetzes bezeichnet, d. h. wir bauen und halten unsere Flotte so stark, daß selbst die größte Seemacht bei einem Angriff auf uns empfindlichen Schaden leiden muß.

Das hatten auch die Engländer begriffen und danach ihre Politik eingerichtet, die den jetzigen Weltbrand erst entfachte, nachdem die zahlenmäßige Überlegenheit des Dreiverbandes in Vielfachheit festgestellt und die Vernichtung der verbündeten Kaiserreiche über jeden Zweifel gesichert schien. Die diplomatische Vorbereitung des Sieges durch die Engländer nach dem Grundsatz: „Der Zweck heiligt die Mittel" ist geradezu staunenerregend. England und seine Verbündeten haben sich damit aber nicht begnügt, sondern sich auch die Vorteile der frühen Schlagfertigkeit und des Überfalls zu sichern gesucht — freilich ist ihnen dies nur zum Teil gelungen, am wenigsten oder gar nicht auf maritimem Gebiete.

Unsere Marine war seit den Erfahrungen des heißen Sommers 1911 mit dem englischerseits geplanten Überfall auf unsere von Norwegen heimkehrenden Geschwader auf der Hut; sie wußte, daß früher oder später der Kampf mit England kommen würde, daß er mitten im Frieden plötzlich über sie hereinbrechen könnte.

Um auf dem unter diesen Umständen wichtigsten Kriegsschauplatz, den durch den Kaiser Wilhelm-Kanal verbundenen deutschen Küstenmeeren, jederzeit in möglichst hoher Stärke schlagfertig zu sein, war es notwendig, alle kriegsbereiten Schiffe in der Heimat in Dienst zu halten und für Entsendungen ins Ausland nur solche Schiffe zu verwenden, die keinen hohen Gefechtswert hatten oder wegen der Eigenart ihrer Konstruktion nicht in die großen Verbände unserer Flotte paßten. Diese Zwangslage führte dazu, daß in den letzten Jahren unsere Auslandsinteressen in der Regel einem unverhältnismäßig kleinen Bruchteil unserer Flotte anvertraut blieben. In dieser Hinsicht den Engländern die Stange halten zu wollen, würde zu einer gefährlichen Schwächung unserer Heimatsflotte auf dem wahrscheinlichen Haupt-

Kampfplatz geführt haben. Gerade in den für den auswärtigen Dienst brauchbaren Kriegsschiffen besaß die englische Flotte von jeher eine unbestrittene Überlegenheit.

Seestreitkräfte hüben und drüben.
Deutsche Kriegsschiffe im Auslande.

Das Kreuzergeschwader unter dem Befehl des Vizeadmirals Graf v. Spee bestand aus den Großen Kreuzern „Scharnhorst" (Flaggschiff) und „Gneisenau", den Kleinen Kreuzern „Leipzig", „Nürnberg" und „Emden". Dieses in seiner Zusammensetzung recht ansehnliche Geschwader war vornehmlich in Ostasien stationiert, aber jederzeit in der Lage, seine Macht dort zur Geltung zu bringen, wo das deutsche Interesse es erheischen würde. Der Kriegshafen von Tsingtau mit seinen ausgiebigen Hilfsmitteln diente als maritimer Stützpunkt — leider als unser einziger.

Den internationalen Polizeidienst auf den großen chinesischen Flüssen und im Küstengebiet, den Schutz der Schiffahrt gegen die Seeräuberei übten die vier Kanonenboote „Iltis", „Jaguar", „Tiger" und „Luchs", ferner die Flußkanonenboote „Tsingtau", „Vaterland" und „Otter". Das Torpedoboot „S 90" war dem Kreuzergeschwader zugeteilt.

Nächst Ostasien erforderte die australische Station die Anwesenheit einer größeren Anzahl von Kriegsschiffen, bedingt durch die großen Entfernungen, welche die verschiedenen Gebiete unseres Kolonialbesitzes trennen. Es waren dort anwesend der Kleine Kreuzer „Geier", das Kanonenboot „Cormoran" und das Vermessungsschiff „Planet".

An der Ost- und Westküste des amerikanischen Kontinents konnten wir dank der dortigen geordneten politischen Verhältnisse in der Regel uns damit begnügen, daß ein Kleiner Kreuzer, in den letzten Jahren S. M. S. „Bremen", die deutsche Flagge zeigte. Kürzlich war vorübergehend der Kleine Kreuzer „Dresden" dort eingetroffen, der im Juni dieses Jahres durch den Kleinen Kreuzer „Karlsruhe" abgelöst werden sollte. Die Anwesenheit mehrerer Kriegsschiffe in den westindischen Gewässern war leider geboten durch die Unsicherheit, in die die Deutschen infolge der mexikanischen Präsidentenkämpfe versetzt worden waren.

An der westafrikanischen Küste hielten sich die Kanonenboote „Panther" und „Eber" auf, und in Ostafrika der Kleine Kreuzer „Königsberg" und das Vermessungsfahrzeug „Möwe".

Deutsche Kriegsschiffe in der Heimat.

In der Heimat befanden sich Ende Juli alle unsere im Dienst befindlichen Schiffe in den aus dem Flottengesetz bekannten Formationen:

1. Die Hochseeflotte mit 21 Linienschiffen, 5 Großen Kreuzern und 8 Kleinen Kreuzern, sowie einer Anzahl von Torpedo- und Unterseebootflottillen.

2. Für Reserveformationen war 1 Linienschiff im Dienst, das die Stämme für 3 Beischiffe in seiner Besatzung hatte. Diese Reserveformation ergab, mit einberufenen Reservisten aktiviert, eine Division von 4 Linienschiffen.

3. Die Seekadettenschulschiffe „Vineta", „Hertha", „Victoria Louise" und „Hansa" machten Kreuzfahrten in den heimischen Gewässern, ebendaselbst waren auch die für besondere Ausbildungszwecke im Dienst befindlichen Linienschiffe und Kreuzer tätig.

Allgemein geht in unserer Marine Ende Sommer die Schultätigkeit aller Verbände ihrem Abschluß entgegen, die durch die in möglichst kriegsmäßigen Verhältnissen vorzunehmenden Herbstmanöver gewissermaßen ihre Schlußprüfung finden soll. Heuer sollte diese Probe unter den denkbar schwersten Verhältnissen stattfinden, wie ein Blick auf die folgende Zusammenstellung der bei unseren Gegnern verfügbaren Seestreitkräfte lehrt.

Es sind nach dem sehr zuverlässigen „Taschenbuch der Kriegsflotten" von B. Weyer nur die Hauptschiffsklassen gezählt und die Gesamtmasse der Wasserverdrängung dieser Klassen angegeben, welche unsere Gegner ohne Berücksichtigung der verschiedenen Arten von Hilfsschiffen und der in Bau befindlichen oder ihrer Fertigstellung entgegengehenden

Kriegsschiffe mustern konnten. Selbstverständlich sind auch die Kriegsschiffe, welche für den Kampf in der Schlachtlinie unbrauchbar, d. h. älter als 20 Jahre sind, nicht aufgeführt worden.

Die feindlichen Flotten.

England.

56 Linienschiffe . . . . 1 040 400 Tons
43 Panzerkreuzer . . . . 621 400 „
55 Geschützte Kreuzer . . . . 259 380 „
260 Zerstörer,
26 Torpedoboote,
80 Unterseeboote.

Frankreich.

20 Linienschiffe . . . . 335 200 Tons
18 Panzerkreuzer . . . . 195 100 „
7 Geschützte Kreuzer . . . . 38 900 „
84 Zerstörer,
16 Hochseetorpedoboote,
132 Torpedoboote,
55 Unterseeboote.

Japan.

14 Linienschiffe . . . . 227 200 Tons
15 Große Kreuzer . . . . 196 800 „
15 Geschützte Kreuzer . . . . 59 000 „
49 Zerstörer,
16 Torpedoboote,
15 Unterseeboote.

Rußland (im Norden).

6 Linienschiffe . . . . 109 000 Tons
6 Panzerkreuzer . . . . 65 200 „
6 Geschützte Kreuzer . . . . 36 400 „
77 Zerstörer,
12 Unterseeboote.

(im Schwarzen Meer)

4 Linienschiffe . . . . 47 800 Tons
2 Geschützte Kreuzer . . . . 13 600 „
20 Zerstörer,
17 Torpedoboote,
8 Unterseeboote.

Eine ziffernmäßige Gegenüberstellung unserer und unserer Verbündeten Streitkräfte verbietet sich heute aus gewissen guten Gründen. Wer sich dafür interessiert, findet die besten Anhaltspunkte in der kleinen Schrift von Dr. S. Toeche-Mittler „Die deutsche Kriegsflotte 1914/15" und in dem schon genannten „Taschenbuch der Kriegsflotten", II. Teil, „Deutsches Reich" und „Österreich-Ungarn".

Bekanntlich kann durch Vergleiche der ziffernmäßigen Stärke von Gegnern allein ein zuverlässiges Urteil über ihre militärische Leistung in den meisten Fällen nicht gebildet werden. Im Kampf der modernen Flotten spielt trotz aller Vollkommenheit der Schiffe und Waffen, die keine großen ausschlaggebenden Unterschiede im allgemeinen aufweisen, die seemännische Tüchtigkeit der Besatzungen nach wie vor die entscheidende Rolle. Diese Tüchtigkeit wird durch Pflichttreue und Fleiß der Lehrer und Schüler, d. h. der Offiziere und Mannschaften, die an Bord der Kriegsschiffe die kriegsmäßige Handhabung aller Waffen und Einrichtungen im Schweiße ihres Angesichts lehren und lernen, erworben, wenn gewisse physische und moralische Eigenschaften der Besatzungen, die im Volkscharakter wurzeln, gegeben sind.

Nach allem, was wir in Friedenszeiten von den Übungsfahrten und Leistungen unserer Schiffsbesatzungen im In- und Auslande gehört hatten, durften wir mit Vertrauen der Feuerprobe unserer Flotte entgegensehen. Wir hatten beobachten können, daß unsere Seeleute nicht nur die Fachkünste der älteren Flotten sich angeeignet hatten, sondern auch auf neuen Gebieten selbständig, sogar führend voranschritten, daß selbst die Engländer sich nicht schämten, bei uns offen und „heimlich" in die Lehre zu gehen.

Mehr als früher sind die Flotten abhängig von den Operationsbasen, von der Organisation der Zufuhren von Verbrauchsstoffen jeder Art: Munition, Kohlen, Proviant, und von der Ergänzung und Reparatur abgängig gewordener Waffen und Schiffe. Auch hier berechtigt uns die nach bewährtem preußischen Muster vorbereitete Mobilmachung und die anerkannte Tüchtigkeit unseres technischen und Ver-

waltungspersonals aller Grade zu der Erwartung, daß nicht
nur die planmäßigen Anforderungen pünktlich erfüllt werden,
sondern daß im Bedürfnisfalle noch erheblich mehr geleistet
werden kann.

Von großer Bedeutung ist der Umstand, daß die Verbreite-
rung und Vertiefung des Kaiser Wilhelm-Kanals so weit
gefördert ist, daß die neuesten großen Schiffe ihn anstands-
los passieren können und somit eine Ausnutzung der Hilfs-
quellen unserer beiden Hauptkriegshäfen und Haupthandels-
häfen für unsere Flotte möglich ist, gleichgültig, ob sie sich in
der Ostsee oder in der Nordsee konzentriert hat.

Während sich unsere Hochseeflotte im Hinblick auf ihre
Versorgung in einer guten Lage befand und befindet, sahen
sich unsere Kriegsschiffe im Auslande, wenn sie sich nicht auf
Tsingtau stützen konnten, in einer üblen Lage. Im Falle eines
Weltkrieges mit den großen See- und Kolonialmächten waren sie
gewissermaßen vogelfrei. Dieser durch die Lage und bisherige
Entwicklung unserer Kolonien gegebene Zustand rechtfertigte
auch die von unserer Marineverwaltung geübte weise Be-
schränkung der für den Auslandsdienst verwendeten Schiffszahl.

Unsere Marine durfte ein gutes Gewissen haben, wenn
es zur Probe hart auf hart kam. Sie hatte sich in Friedenszeiten nicht geschont; mit äußerster Anstrengung hatten alle
ihre Angehörigen nach der Erreichung vollkommenster Kriegs-
fertigkeit gestrebt; sich der großen Liebe und Opfer, welche
das deutsche Volk der Marine entgegengebracht hatte, wert
zu zeigen, war der Wunsch aller, vom Schiffsjungen bis zum
Admiral; mit der rücksichtslosesten Hingabe an die schwierigsten
Aufgaben und mit der Treue bis in den Tod sehnten sich alle
ihrem Förderer und obersten Kriegsherrn, Seiner Majestät
dem Kaiser Wilhelm II., zu danken für die reiche Huld und
Gnade, die er stets für seine Marine gehabt hatte.

Das sind Imponderabilien, die entscheiden können.

England erklärt den Krieg.

Wie schon erwähnt, hat England, nicht zufrieden mit seiner
gewaltigen zahlenmäßigen Überlegenheit, sich die größte

Mühe gegeben, auch noch die Vorteile der Überraschung sich zu sichern, indem es nach russischem Muster eine Probemobilmachung veranstaltete. An ihr waren 493 Kriegsschiffe beteiligt, die durch Einberufung von 16 000 Marinereservisten ihre volle Bemannung erhielten. Als Zweck dieser Maßnahme wurde der Welt eine am 22. Juli 1914 vor dem König Georg V. abzuhaltende Flottenparade angezeigt. In der Tat bedeutete dieser Vorgang eine höchst gefährliche Drohung gegen die deutsche Flotte, welche mit ruhigem Anstand und scharfem Blick der weiteren Entwicklung dieser Flottenparade entgegensah.

Schon am 26. Juli wurde die ungewöhnliche Tatsache bekannt, daß die englische Admiralität befohlen hatte, die bei der Flottenparade versammelt gewesenen Geschwader und Flottillen auch fernerhin zusammenzuhalten, die Marinereserven nicht zu entlassen, hingegen Kohlen und Proviant zu ergänzen und sich zum sofortigen Inseegehen bereitzuhalten. Zur selben Zeit war der englischen Presse bedeutet worden, daß Nachrichten über Schiffsbewegungen und -gruppierungen der englischen Marine vorläufig nicht bekanntgegeben werden sollten. Jede Urlaubserteilung in der Flotte wurde verboten. Die sämtlichen Küstenwachtstationen traten in Betrieb am 28. Juli 1914. Gegen wen? Wer bedrohte damals England?

Am 26. Juli war die Erste Flotte, bestehend aus 29 Linienschiffen, 4 Schlachtkreuzern und 9 Panzerkreuzern, plötzlich mit unbekanntem Reiseziel ostwärts steuernd in See gegangen, aber bereits am 27. Juli nach Portland zurückgekehrt. Höchstwahrscheinlich war es auf einen Überfall der deutschen Hochseeflotte, die in Norwegen bis zum 2. August Sommerferien haben sollte, abgesehen, ähnlich wie im Jahre 1911. Die frühzeitige Heimkehr unserer Flotte vereitelte den schönen Plan und veranlaßte die durch Spione oder Agenten stets gut bediente Admiralität in London, ihre Erste Flotte durch Funkspruch zurückzupfeifen.

Bereits am 25. Juli nachmittags hatte Seine Majestät der Kaiser auf der Yacht „Hohenzollern" die Heimreise von Balestrand angetreten, so daß die Hochseeflotte am 26. Juli folgen konnte. Es war die höchste Zeit!

England erklärt den Krieg.

Am 29. Juli, 5 Uhr früh, ging die Erste Flotte mit voller Ausrüstung von Portland wieder in See, und zwar nach der Nordsee, dort erwartet von den Zerstörerflottillen vor der Themse. Die Zweite Flotte folgte nach 24 Stunden. Das englische Mittelmeergeschwader traf in Malta und Gibraltar ebenfalls in denselben Tagen unverkennbare Kriegsvorbereitungen.

Das Verhalten der englischen Flotte nötigte unsere Marineverwaltung zu äußerster Vorsicht und zur Betätigung aller gegen einen drohenden feindlichen Überfall vorgesehenen Anordnungen im Bereich der deutschen Küstengewässer. Hätte die englische Flotte jetzt noch einen Überfall auf Helgoland und unsere Flußmündungen gewagt, so würde sie sich über lauen Empfang nicht zu beklagen gehabt haben. Glücklicherweise gab der Angriff der Russen am 1. August den Anlaß zur Ausgabe des Mobilmachungsbefehls, der alle unsere Seestreitkräfte und Küstenverteidigungswerke in kürzester Zeit auf den höchsten Grad technischer und militärischer Leistungsfähigkeit brachte.

Trotzdem war die Lage unserer Flotte im Kampfe gegen die bisher erklärten Feinde, Rußland und Frankreich, eine höchst unerfreuliche, wenn England an dem Kriege nicht teilnahm, aber seine Flotte in dieser Weise bereit hielt; unsere Unternehmungen zur See blieben dauernd bedroht und beschränkt durch die Rücksicht auf eine plötzliche Änderung der politischen Haltung Englands. So ging die Nachricht von der Kriegserklärung Englands wie eine Freudenbotschaft durch unsere Marine. Ausgezeichnet hat ein Glückwunsch an die Kaiserliche Marine im Militärwochenblatt den Ton getroffen, auf den unsere Marine gestimmt war. Er lautet:

Auch England wider uns! Hätte uns Albion nicht den Fehdehandschuh hingeworfen, so würde die Kaiserliche Marine, während die Armee in schwerem Kampf nach zwei Fronten stehen muß, zitternd vor Ungeduld gefragt haben: „Und wir?"

Die Antwort auf diese Frage ist jetzt gelöst. Unsere Marine geht mit dem mächtigsten Gegner zur See, den die Welt bisher kannte, zum Tanze.

Während die alte Armee eine lange, glorreiche Geschichte in dicken Bänden zu verzeichnen hat, ist von der jungen Kaiserlichen Marine bisher nur das Vorwort geschrieben, das einzelne glänzende Waffentaten enthält.

Jetzt aber schlägt sie das Hauptbuch auf und setzt an, in ihm ihre Taten mit eisernem Griffel niederzuschreiben; die brave „Augsburg" hat das erste Kapitel begonnen.

Daß die Flagge nur sinken, aber niemals niedergeholt werden kann, weiß jeder Deutsche.

Die Armee ist stolz auf ihre junge Schwester im Hinblick auf die kommenden Tage!

Glückauf zur großen Feuerprobe! Ran an den Feind!

Die ersten Schläge.

Den Feind zur See zu schwächen und zu vernichten, ist das einzige Ziel jeder vernünftigen und energischen Seekriegführung. Schon bevor durch die englische Kriegserklärung uns die volle Freiheit des Handelns gegeben wurde, waren unsere Kreuzer dem Feind entgegengegangen und hatten an der russischen und französischen Küste ihre Kanonen herausfordernd sprechen lassen. Wer dem Feind ans Leder will, muß ihn aufsuchen und angreifen. Am selben Tage, als im Mittelmeer unsere kühnen Kreuzer aus dem um sie geschlossenen Ring hinausstürmten, spielte angesichts der englischen Armada der unbewaffnete Streuminendampfer „Königin Luise" den zahlreichen Wachtschiffen vor Englands Ostküste einen nicht minder kühnen Streich.

Diese ersten Schläge zeigten dem stolzen Albion und der von ihm eingeschüchterten Welt, daß die deutschen Seeleute kämpfen wollten, um zu siegen.

Der Vorstoß gegen Libau am 2. August 1914.
(Mit einer Skizze.)

In der Nacht vom 1. zum 2. August ließen die Russen an verschiedenen Stellen durch ihre Truppen unsere östliche Grenze überschreiten und versuchten außerdem durch gedungene Wichte unsere Verkehrseinrichtungen zu stören. Der Friede war

Der Vorstoß gegen Libau am 2. August 1914.

damit gebrochen. Unsere Kleinen Kreuzer „Augsburg" und „Magdeburg", welche gerade in Neufahrwasser bereit lagen, erhielten Befehl, nach dem nahegelegenen Libau zur Erkundung des dortigen Kriegshafens in See zu gehen, und verließen am Vormittag des 2. August die Danziger Reede.

In Libau hatten die Russen bereits am 1. August alle deutschen und schwedischen Handelsschiffe festgehalten, während Engländer und Dänen auslaufen durften. Zur selben Zeit, als russische Truppen die deutsche Grenze überschritten, wurden in Libau die deutschen Handelsdampfer „Prima", „Saxonia", „Düsseldorf", „Wilhelm Helmsoth" und „Albatroß", welcher erst am 1. August nachmittags eingelaufen war, beschlagnahmt, ihre Besatzungen als kriegsgefangen erklärt und in dem in der Nähe der Kriegswerft gelegenen Emigrantenhaus eingesperrt. Die Kaianlagen und Ladeeinrichtungen hatte man angefangen zu zerstören und die großen privaten Kohlenlager in Brand gesteckt, um sie der deutschen Flotte nicht in die Hände fallen zu lassen, deren baldiges Eintreffen russischerseits befürchtet wurde.

Nördlich der Stadt Libau und des kanalartig erweiterten Ausflusses des Libauer Sees befinden sich die Reste des Kriegshafens Alexanders III., der zur Zeit der ersten Blüte der frankorussischen Freundschaft als fürchterliche Drohung gegen Deutschland geplant worden war. Gewaltige Summen sind in diesem Unternehmen verbaut worden — und verschwunden; in den letzten Jahren hatten die Russen den Platz so ziemlich aufgegeben zugunsten neuer Pläne bei Reval und Helsingfors. In den vorhandenen Kriegswerftanlagen waren einige Torpedobootsabteilungen stationiert, auch war eine Fliegerstation eingerichtet und eine Werkstatt für Wasserflugzeuge vorhanden, an der der in Fliegerkreisen bekannte Sikorski wirkte. Als Stützpunkt für Unterseeboote und leichte Streitkräfte war Libau nicht ohne Bedeutung, wennschon der größte Teil seiner Küstenbefestigung und die Landfronten scheinbar nicht mehr instandgehalten wurden.

Als unsere Kreuzer am Nachmittag des 2. August vor Libau eintrafen, fanden sie das Nest leer; es stellte sich heraus,

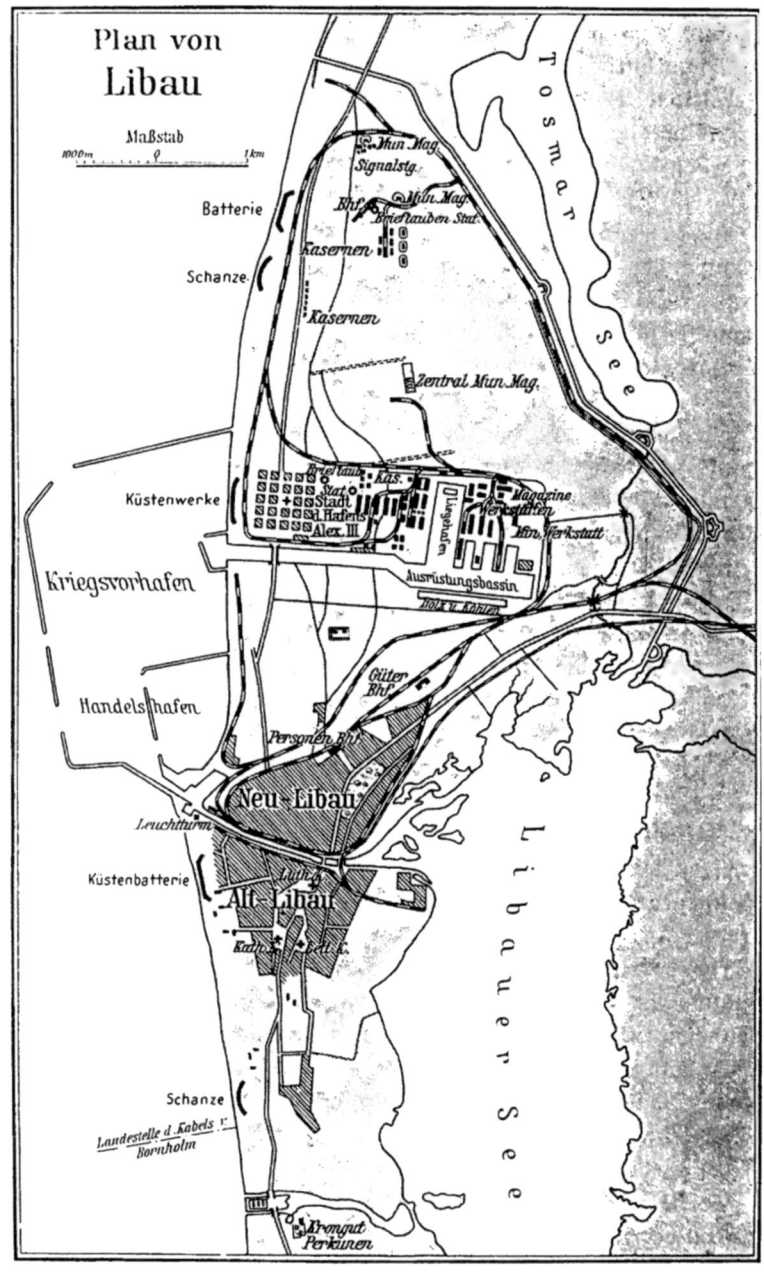

daß die Küstenwerke sämtlich ohne Geschütze waren, daß die Fliegerstation samt der Wasserflugzeugfabrik bereits auf dem Wasserwege durch den Rigaischen Meerbusen nordwärts abgezogen war und daß die drei Hafeneinfahrten durch versenkte Dampfer — nämlich die festgehaltenen deutschen — und Minen gesperrt waren. Die russischen Torpedoboote waren schon zur Zeit des Besuches des Präsidenten der französischen Republik nach dem Finnischen Meerbusen abgedampft und nicht mehr zurückgekehrt.

Während „Magdeburg" die Erkundung der Küste fortsetzte, beschoß „Augsburg" die Küstenbefestigungen, aus denen nicht geantwortet wurde, die Werftanlagen und sonstige Baulichkeiten auf dem Kriegshafengebiet, welche sehr bald in Brand gerieten. Abends um 9 Uhr, nachdem durch Funkspruch Meldung über das Ergebnis des Vorstoßes erstattet war, verließen die Kreuzer mit neuen Aufgaben die Reede von Libau.

Über die Ereignisse während dieser Tage in Libau haben deutsche Matrosen, denen ein kühner Fluchtversuch gelang, folgendes ausgesagt:

Am Sonntag, 2. August, morgens etwa um 4 Uhr, wurden die Besatzungen der deutschen Dampfer durch russische Marinesoldaten von Bord geholt und im Emigrantenhaus eingesperrt. Man gab ihnen einen Topf und erklärte ihnen: „Da draußen ist eine Wasserleitung, da trinkt euch nur satt!" Die deutschen Seeleute bekamen denn auch tatsächlich den ganzen Tag nichts zu essen.

Während des Sonntags wurde am Hafen gesprengt, denn die Besatzung des Kriegshafens hatte die Anweisung, alles in Brand zu setzen oder in die Luft zu sprengen und zu fliehen, sobald sich ein deutsches Kriegsschiff zeigte. In Verfolg dieser Anweisung wurden bereits am Sonntag vormittag die deutschen Dampfer in den drei Einfahrten des Hafens versenkt, und zwar „Saxonia" nebst zwei russischen Baggern in der südlichen Einfahrt, „Düsseldorf" und „Prima" in der mittleren und „Albatros" sowie „Wilhelm Helmsoth" in der nördlichen. Die Kohlenlager nebst den Kriegs- und sonstigen Vorräten wurden gleichfalls schon am Sonntag vormittag in Brand gesetzt.

Am Sonntag abend zwischen 8 und 9 Uhr erschien der deutsche Kreuzer „Augsburg" auf der Reede und begann sofort die Beschießung des eine Viertelstunde vor der Stadt liegenden, von dieser durch einen kleinen Wald getrennten Kriegshafens. Auf die Stadt selbst wurde nicht geschossen. Eine Granate ging etwa 15 m von einem schwedischen Dampfer nieder. Sie explodierte nicht, so daß das Schiff vor der Vernichtung bewahrt blieb. Die dem Emigrantenhause am nächsten kommenden Granaten explodierten in etwa 200 m Entfernung im Walde. Die deutschen Seeleute hofften, daß die Besatzung des „Augsburg" landen und sie befreien würde. Leider war ihre Hoffnung vergebens. Nachdem der Kreuzer die Kriegswerft, die Forts und Leuchttürme an den Hafeneinfahrten zusammengeschossen hatte, dampfte er wieder ab.

Am Montag morgen 7 Uhr erhielten die deutschen Seeleute die Erlaubnis, in der Stadt spazieren zu gehen, aber spätestens abends 9 Uhr wieder im Emigrantenhause zu sein. Wer nicht zur Stelle sei, werde gesucht, und ohne Gnade erschossen werden. Der vom Kreuzer „Augsburg" zusammengeschossene und in Brand geratene Kriegshafen, die Werft sowie die Kohlenlager brannten am Montag noch lichterloh; in der Stadt war anscheinend nur wenig Militär. Vier der deutschen Seeleute faßten auf ihrem Gang durch Libau den Entschluß, zu fliehen. Zu diesem Zweck sahen sie sich zunächst die in den Hafeneinfahrten versenkten Dampfer an. Von der Südermole gewahrten sie, daß die „Saxonia" noch mit dem Vorderteil aus dem Wasser ragte und eins ihrer Rettungsboote noch unversehrt war. Die jungen Seeleute entkleideten sich und schwammen zum Wrack der „Saxonia" hinüber, brachten das Ruderboot zu Wasser, nahmen einen Kompaß und suchten nach Lebensmitteln, die sie aber nicht fanden. Sie ruderten dann an Land zurück und holten ihre Kleidung.

Um 11 Uhr vormittags verließen sie ungehindert im Boot den Libauer Hafen und steuerten zunächst in See, später mehr an der Küste entlang. Abends um 10 Uhr konnten sie noch einen Feuerschein von Libau sehen. Etwa um 2 Uhr nachts, als sie dem Land reichlich nahe gekommen waren, wurden sie von einer Kasakenabteilung bemerkt, die sie mit ihren Laternen beleuchtete und sie aufforderte, an Land zu gehen. Der Aufforderung wurde aber selbstverständlich keine Folge geleistet, worauf die Kasaken auf die Flüchtlinge schossen, ohne indessen zu treffen. Um 4 Uhr morgens landeten die jungen Seeleute in der deutschen Grenzstadt Nimmersatt, von wo sie nach Memel und von dort nach Königsberg gelangten. Von hier reisten sie in ihre Heimat. Was aus den in Libau zurückgebliebenen deutschen Seeleuten geworden ist, ist bisher nicht bekannt geworden. (Vossische Zeitung.)

S. M. S. „Goeben" und „Breslau" verlachen die Feinde im Mittelmeer.

Das heraufziehende Kriegsgewitter im Mittelmeer, der Eindruck, welchen unsere Kreuzer dort machten, sind von dem Reichstagsabgeordneten Lic. Mumm in so packender Weise seinerzeit geschildert worden, daß die Darstellung seiner Erlebnisse auf dem Reichspostdampfer „General" ausgezeichnet als Einleitung für die Beschreibung der Taten S. M. S. „Goeben" und „Breslau" geeignet ist. Sie möge deshalb hier folgen. Überdies ist sie wertvoll als Bild der Stimmung, die auf vielen unserer und fremder Schiffe geherrscht haben mag, die auf dem Meere von der Kriegsnachricht überrascht wurden.

Am 31. Juli war es. Fast war es Mitternacht. Der stattliche Reichspostdampfer „General" fährt längst südlich von Kreta. Ein alter Admiral zeigt eben gen Himmel und erklärt denen, die noch nicht die Kabine aufgesucht haben, daß man nun gar bald das Kreuz des Südens sehen werde. Da fällt es auf einmal dem Monde ein, sich das schöne Schiff an Backbord anzusehen, derweil er bisher nur die Steuerbordseite mit seinem wunderbaren Glanz bestrahlt hatte. Die Wachenden wissen, was es zu bedeuten hat. Zugleich fangen die Maschinen an zu fauchen wie noch nie. Einige Passagiere wollen hinauf zur Kommandobrücke, den Kapitän Fiedler über den Grund der Wendung zu befragen. Aber an den Treppen stehen, wie aus dem Boden gestampft, Matrosen, jede Annäherung an den Kapitän zu verbieten. Der erprobte Seemann steht die ganze Nacht auf der Kommandobrücke und hat Besseres zu tun, als neugierigen Passagieren Auskunft zu geben. Andern Morgens findet es jeder am Anschlagbrett: Drohende Kriegsgefahr. Zurück! Das Schiff steht unter Befehl des deutschen Mittelmeergeschwaders. Der Funkspruch des „Goeben" lenkt auch unser Schiff. Bald ist der Kurs schier westlich, bald schier nördlich. Geht es nach Brindisi? Nach Triest? Nach Neapel? Niemand gibt Auskunft, jeden Augenblick kann ein Befehl des Admirals Souchon vom „Goeben" eine neue Lage schaffen — und der „Goeben" selbst empfängt wieder ihre drahtlosen Nachrichten und Weisungen von einer anderen drahtlosen Station.

Wird uns eine fremde Macht wegschnappen? Warum sollten die vielen in Malta lagernden Kriegsschiffe nicht das Bedürfnis haben, einen Ausflug zu machen und ein kostbares Andenken vom Ausflug mitzubringen? Oder auch nur unsern Dampfer anhalten und ihn dann recht gründlich untersuchen, bis der Bruch da ist und damit die Offiziere, die wir an Bord haben, ohne einen Schuß gefangen sind? Denn unsre einzige Kanone an Bord versteht nur Salut zu schießen. Unsere Prismengläser streiften eifrig den Horizont. Bald fahren wir stundenlang mit abgeblendeten Lichtern, bald mit solcher Anordnung der Lichter, daß wir in der Ferne als harmloses Segelschiff erscheinen.

Sonntag wird es. Schon in der Nacht hat uns die Kunde von der Mobilmachung der deutschen Armee drahtlos erreicht. Der Schiffsgottesdienst wird zum Kriegsgottesdienst und endet mit der Einsegnung derer, die zu den Waffen gerufen sind. Die Sammlung für unsere Krieger gibt reichen Ertrag. Dann landen wir im Hafen von Messina. Da kommt zu dem deutschen Kriegsschiff, das dort schon ankert, ein zweites hinzu. Der „Goeben" —

hatte sie uns zur eigenen Sicherheit vor sich her gesandt? Erst sehen wir nur die Schornsteine. Dann gleitet das stolze Schiff näher und näher heran. Wir sind an Deck dicht geschart, und nun braust auch schon das „Hurra" von uns zum „Goeben" herüber, dort in der gleichen Weise erwidert. Und „Die Wacht am Rhein" singen wir, wie wir sie nie im Leben gesungen.

Schon löst sich eine Pinasse vom „Goeben", und Admiral Souchon fährt zu uns heran, unser Schiff förmlich in Besitz zu nehmen. Der „General" wird Lazarettschiff. Eine wahre Lust war es, die strammen Gestalten der Matrosen und die straffen, in aller Schlichtheit schmucken Offiziere zu schauen. Da spürte man den Windhauch großer Zeit. Und diese Mannschaft ging in den Kampf gegen eine erdrückende Übermacht. Kein Abschied von den Lieben war ihr vergönnt. Aber nichts glänzte auf den Gesichtern als die Freude, daß es nun Ernst ward. So war doch alle die jahrelange Mühe der Vorbereitung nicht umsonst. Das war der Geist, in dem einst am 2. August 1870 unsre Saarbrücker Soldaten dem übermächtigen Feinde die Stange hielten, so lange es nur möglich war. Mehr noch, das war der Geist der Husaren, die den Totenkopf an der Stirn tragen, war der Mut von Lützows wilder verwegener Jagd. Als ich von dem Heldenmut dieser Schar hörte, die schon am gleichen Abend in See stach, die Truppentransporte von Algier nach Frankreich zu stören, wurde mir das Auge feucht. Ich habe in den letzten Tagen viel Augen vor Freude aufleuchten sehen, daß es in den Kampf fürs Vaterland gehe. Aber der schönste Anblick war doch der unsrer blauen Jungen im Hafen von Messina. Rings starrte die Welt von Feinden: nur um so fester strafften sich die Muskeln! Vorwärts mit Gott für Kaiser und Reich! Das Leben ist der Güter höchstes nicht. (Deutsche Tageszeitung.)

Noch am 1. August lagen der Schlachtkreuzer „Goeben" und der Kleine Kreuzer „Breslau" scheinbar friedlich vor Brindisi zu Anker; innerlich kriegsbereit, denn der elektrische Funke hatte ihnen mitgeteilt, daß in der Heimat der Kriegszustand erklärt war und jeden Augenblick der Mobilmachungsbefehl ergehen konnte. Wie die elektrischen Funken weiter wirkten und im Mittelmeer warnten, haben wir schon erfahren.

Als die Schatten der Nacht sich auf die Reede senkten, verschwanden geräuschlos unsere Kreuzer, nicht um vor der Übermacht der Feinde sich durch schnelle Flucht in Sicherheit zu bringen, sondern zu kühner Tat mitten hinein in das feindliche Lager. Die französische Flotte war im Mittelmeer versammelt, in Malta und Gibraltar lagen englische Geschwader bereit, sämtlich in Verbindung untereinander und mit den in allen Häfen des Mittelmeers sich findenden englischen und französischen Agenten offizieller oder privater Gattung.

Sie wähnten die beiden deutschen Kreuzer abzufangen, ihre sichere Beute. Nur hatten sie nicht mit der Schnelligkeit dieser Schiffe und dem prächtig dazu passenden Schneid ihrer Kommandanten und ihres Admirals gerechnet, die alle Pläne der Feinde über den Haufen warfen.

Am 2. August war im ganzen Mittelmeer bekannt, daß die deutschen Kriegsschiffe Messina angelaufen hatten, um Kohlen zu nehmen. Dort konnte man sie also sicher antreffen! Als der Morgen des 3. August graute, waren sie verschwunden. Wohin? Feindliche Kreuzer suchten natürlich hauptsächlich im Westen; denn wenn die deutschen Kreuzer sich hätten in Pola oder in Triest in Sicherheit bringen wollen, so wären sie nicht von Brindisi nach Messina gelaufen, sondern wären direkt die Adria nordwärts gesteuert. Also aufpassen bei Gibraltar, damit sie nicht durchschlüpfen, und auf dem Wege dahin! Und nach Westen geht richtig ihre eilende Fahrt: in den Rachen des Feindes!?

Am 4. August im fahlen Frühlicht wurde die afrikanische Küste erspäht. Kein Feind in Sicht. Unsere Kreuzer richteten nun ihre Fahrt so ein, daß sie mit Tagesanbruch dicht vor den Häfen von Bône und Philippeville stehen und ihr Vernichtungswerk beginnen konnten. Auf die Störung der französischen Truppentransporte nach Frankreich war es abgesehen. Mit Sonnenaufgang schlugen deutsche Granaten an die am Kai liegenden Transportdampfer; bald waren die Hafenanlagen, Petroleumlager, Kräne und Eisenbahnen zerstört. Schläfrig antworteten die französischen Kanonen von den Festungswerken — ohne zu treffen. Blitzschnell, wie sie gekommen, dampften unsere Kreuzer aus Sicht und trafen sich an verabredeter Stelle. Auf ihrem Kurse nach Messina begegnete ihnen am Nachmittage (der Krieg war seitens Englands in Berlin noch nicht erklärt) ein englisches Geschwader, bestehend aus „Inflexible" (Flaggschiff des Admirals und Höchstkommandierenden im Mittelmeer Sir Archibald Berkeley Milne), „Indefatigable", „Weymouth" und „Gloucester", das sich in verdächtiger Weise nach dem Passieren den deutschen Schiffen anschloß. Admiral Souchon ließ alsbald Dampf für die höchste Maschinenleistung vorbereiten. So gelang es, als am Abend durch Funkentelegramm die Nachricht von der englischen Kriegserklärung eintraf, den Abstand von den Verfolgern zu vergrößern und nach Abwehr eines Torpedobootsangriffs während der Nacht am 5. August 8 Uhr vormittags wieder in den gastlichen Hafen von Messina einzulaufen, um aus deutschen Dampfern Kohlen zu nehmen.

Durch den Streich gegen Algerien war das Mittelmeer alarmiert; von allen Seiten eilten die Feinde mit höchster Geschwindigkeit herbei und umstellten die Ausgänge des Hafens von Messina. Die Engländer hatten außer dem schon genannten Geschwader noch zur Stelle das 1. Kreuzergeschwader unter Befehl des Konteradmirals Troubridge, bestehend aus den Großen Kreuzern „Defence", „Black Prince", „Duke of Edinburgh" und „Warrior", vier Kleine Kreuzer, 16 Zerstörer und 6 Torpedoboote. Dieses Aufgebot war mehr als ausreichend, um das Entkommen unserer Schiffe zur Unmöglichkeit zu machen. Dazu noch Vollmond im Kalender. Das französische Mittelmeergeschwader war auch vertreten. Den draußen auf der Lauer stehenden Feinden war übrigens bekannt, daß die italienischen Neutralitätsvorschriften ein längeres Verweilen als 24 Stunden in einem italienischen Hafen den Kriegführenden in der Regel nicht gestatteten. Also die Deutschen mußten sich mit ihren Vorbereitungen beeilen und dann wieder in See gehen. Ein Bericht aus Messina schildert anschaulich, was sich im Hafen ereignete, wie folgt:

Admiral und Offiziere gehen am 5. August nochmals an Land zum deutschen Konsul; Testamente, Briefe in die Heimat, Wertsachen, darunter auch eine Photographie des Kaisers mit eigenhändiger Unterschrift, werden dort hinterlegt. Es sind soviel der jetzt doppelt kostbaren schwarzen Diamanten genommen, als die Schiffe fassen können. Die Sonne sinkt tiefer, dunkle Schatten breiten sich über die Meerenge von Messina mit der „Scylla" und „Charybdis", stärker qualmen die Schlote, durch die nächtliche Stille hört man das Klingen der Ankerwinden. Tausendköpfig drängt sich die Menge an den Hafen. Da erklingt vom Flaggschiff „Goeben" hell die Musik: Heil Dir im Siegerkranz! Unbedeckten Hauptes stehen Offiziere und Mannschaften an Deck, brausend schallen drei Hurras auf den Obersten Kriegsherrn herüber zum Ufer, wo schweigend die Volksmenge harrt, ergriffen von der heiteren Ruhe und Zuversicht, mit der deutsche Seeleute in den Kampf ziehen. Nach der Überzeugung der Italiener mußte diese Reise eine Todesfahrt werden.

Kaum hatten unsere Kreuzer die Grenze der italienischen Territorialgewässer überschritten, so waren sie von den vorgeschobenen Wachtschiffen des Feindes bemerkt worden, die ihren Kreuzergeschwadern den Ausbruch der Deutschen zu melden hatten. Diese suchten nun die deutschen Kreuzer zu jagen, ihnen den Weg zu verlegen, um sie bei Tagesanbruch zu vernichten. Wer den deutschen Kreuzern, die selbstverständlich mit höchster Fahrt liefen, sich in den Weg stellte oder ihnen zu nahe kam, erhielt eins auf den Pelz gebrannt. Es war eine tolle Jagd unter äußerster Ausnutzung von Menschen- und Maschinenkraft auf beiden Seiten. „Goeben" und „Breslau" hatten keine Zeit festzustellen, wie der Gegner hieß und wieviel er abbekam. Immer Volldampf voraus. Auf dem nächsten Wege nach Konstantinopel. (Schiffstrümmer des „Warrior" wurden vor dem Eingang der Adria gefunden. Im Hafen von Alexandrien lag Anfang September ein schwer beschädigter englischer Kreuzer, der deutliche Spuren der Beschießung aufwies. Außerdem waren im dortigen Dock zur Reparatur ein zweiter englischer Kreuzer, ein Zerstörer und zwei Torpedoboote, die sich sämtlich früher nach Port Said geflüchtet hatten.)

Am 10. August um 5 Uhr nachmittags liefen die deutschen Schiffe, von türkischen Lotsen erwartet und geführt, durch die Sperren in die Dardanellen ein. Zwei Stunden später erschienen auch fünf englische Kreuzer und zehn Zerstörer; sie verlangten die Auslieferung von „Goeben" und „Breslau" oder Einlaß in die Dardanellen. Ihre Wünsche wurden von den Türken abgelehnt.

Der Durchbruch war glänzend gelungen. Admiral Souchon hatte seine Gegner richtig eingeschätzt und frisch gewagt und „ganz" gewonnen.

Lange Gesichter mögen seine zahlreichen Feinde darob gemacht haben. Verderben zu viele Köche den Brei? Fast möchte es so scheinen; denn beide englischen Admirale, die vor Messina kommandierten, wurden durch das enttäuschte und in seinem Stolz gekränkte Albion vor das Kriegsgericht gestellt, um sich wegen des Entkommens des „Goeben" und der „Breslau" zu rechtfertigen, und ihrer Posten enthoben.

Der Dampfer „Königin Luise" streut Minen in der Themsemündung.

Der bekannte Bäderdampfer „Königin Luise" der Hamburg-Amerika-Linie wurde am 2. August, dem ersten Tage der Mobilmachung, planmäßig von der Gesellschaft der Marine gestellt, welche ihn in kurzer Zeit mit einer stattlichen Anzahl Streuminen ausrüstete und für eine im Umgehen mit diesen delikaten Höllenmaschinen geübte Besatzung sorgte. Korvettenkapitän Biermann übernahm das Kommando, und bald ging's hinaus in die Nordsee, an Helgoland vorbei und weiter in eilender Fahrt, bis am 5. August in später Abendstunde die Küste Englands in Sicht kam. Dann wurde der Kurs in die Themsemündung genommen, dorthin, wo an dem Südufer der Kriegshafen Sheerneß mit der Werft von Chatham liegt, die von besonderer Wichtigkeit für eine in der deutschen Bucht der Nordsee operierende englische Flotte ist. Die Zugänge zu dieser englischen Operationsbasis galt es zu sperren.

Natürlich waren alle Wegweiser auf dem breiten Flußrevier, die Leuchtbojen und Feuerschiffe, entfernt oder gelöscht, so daß sich die „Königin Luise" in dunkler Nacht mit dem Lot, wie ein Blinder mit dem Krückstock, nach der Stelle heranfühlen mußte, wo die Streuminensperre beginnen sollte. Schon war die Arbeit fast beendet; nur noch kurze Zeit, und der Minendampfer hätte, ohne bemerkt zu sein, verschwinden können. Da erschien, geführt von dem Kleinen Kreuzer „Amphion", die 3. Zerstörerflottille der Ersten Flotte, welche schon seit dem 30. Juli zum Schutz der Ostküste Englands eingetroffen war. Sie wurde offenbar zu spät gesichtet wegen des im Sommer häufigen Morgennebels.

Der Dampfer „Königin Luise" streut Minen in der Themsemündung. 23

Ein Unglück für die „Königin Luise" war es, daß ihr gerade die schnellsten Zerstörer, jeder mit drei 10cm-Kanonen bewaffnet, entgegentraten. Dieser Übermacht gegenüber gab es kein Entrinnen; heldenhaft tat die Besatzung ihre Pflicht bis zum bitteren Ende. An Übergabe wurde nicht gedacht. Nach kurzem Feuergefecht gelang es den Zerstörern, das Heck der „Königin Luise" wiederholt mit Granaten zu treffen und wahrscheinlich eine dort befindliche Mine, was zur Folge hatte, daß das Hinterschiff durch eine gewaltige Explosion aufgerissen wurde und das Schiff schnell in die Tiefe versank.

Nachdem die „Königin Luise" gesunken war, setzte der Kleine Kreuzer „Amphion" seine Beobachtungsfahrt fort, wobei er auf eine der soeben gelegten Minen traf, die das Vorderschiff stark beschädigte. Obschon die Zerstörer schnell zur Stelle waren, um sich an dem Rettungswerk zu beteiligen, gelang es doch nur etwa die Hälfte der Besatzung des Kreuzers zu retten, so heftig war die Explosionswirkung der Mine gewesen.

Der materielle Verlust war für England nicht erheblich, wennschon „Amphion" einer der neueren Kreuzer von 3500 Tons mit zehn 10 cm-Kanonen armiert war und 26 Seemeilen in der Stunde laufen konnte. Aber die moralische Wirkung auf die englische Flotte, auf ganz England war sehr groß, so sehr man sich auch bemühte, das Gesicht zu wahren.

Als unsere Aufklärungsschiffe in den folgenden Tagen die Nordsee absuchten, war kein englisches Kriegsschiff zu finden; die englische Armada, welche Anfang August vor der Scheldemündung und an der holländischen Küste sich gezeigt hatte, um Holland zum Anschluß an die Feinde Deutschlands zu bewegen, hatte aus Respekt vor weitern Streuminendampfern sich in fernere Gegenden begeben. Der Schiffsverkehr auf der Themse blieb lange Zeit gesperrt; in London bekam man ein Vorgefühl von der Reihe von Enttäuschungen, die dieser Weltkrieg noch bringen sollte — auch in Beziehung auf die Alleinherrschaft zur See.

Ostsee.

Der Beginn des Seekrieges in der Ostsee.

Mit einer Skizze.

Auch die russische Marine hatte in bestimmter Erwartung des Krieges lange vor Ausspruch der Mobilmachung Kriegsvorbereitungen ernster Art getroffen, z. B. das Löschen der wichtigen Leuchtfeuer und Einziehen der Feuerschiffe in der Ostsee und im Schwarzen Meer am 28. Juli, überdies feindselige Handlungen gegen die deutsche Handelsflotte sich zuschulden kommen lassen. So wurde der Dampfer „Prinz Eitel Friedrich" der Stettiner Dampfer-Kompanie, der am 30. Juli mittags St. Petersburg mit 40 Passagieren verließ, am 31. Juli morgens durch russische Torpedoboote angehalten und zum Einlaufen nach Reval gezwungen, wo er sofort beschlagnahmt wurde. Also ein schwerer Bruch des Völkerrechts, nur erklärbar durch die längst bestehende feste Absicht der zarischen Regierung, den Krieg unter allen Umständen herbeizuführen! Die Passagiere konnten froh sein, daß sie nicht nach Sibirien, sondern am 1. August mittags nach Helsingfors abgeschoben wurden, von wo sie mit der Bahn nach Tornea, der nördlichsten Eisenbahnstation Finnlands, auf ihre Kosten transportiert wurden, um auf dem nächsten (!?) Wege ihr Reiseziel Deutschland zu erreichen. Hangö, die nächste Endstation auf dem Wege nach Stockholm, kam also schon damals nicht mehr in Betracht, da die Zerstörung des dortigen Hafens im Mobilmachungsplan offenbar vorgesehen war. Der bereits geschilderte Vorstoß unserer Kleinen Kreuzer gegen Libau am 2. August bewirkte, daß die schon vorhandene Angst vor der deutschen Flotte und vor Landungen großer deutscher Truppenmassen in überstürzten Maßnahmen russischer Befehlshaber zutage trat, die den auf Absperrung des russischen Schiffsverkehrs mit dem Auslande gerichteten deutschen Absichten förderlich waren.

Schon am 3. August hatte die russische Besatzung von Hangö die dortigen Hafenmolen, Magazine, Eisenbahnwerkstätten und eine Eisenbahnbrücke der nach Helsingfors und St. Petersburg führenden Bahn zerstört und die Einfahrt in den Hafen durch Versenken zweier Dampfer für größere Schiffe unpassierbar gemacht. Und dabei ist Hangö der einzige Hafen Finnlands, der auch im harten Winter für den Passagierverkehr nach Stockholm offen bleibt! Eine anschauliche Schilderung dieser Vorgänge und der russischen Kriegsstimmung gibt der nachstehende Bericht des Herrn Hammers, der sich als Vergnügungsreisender an Bord des in der Hafeneinfahrt versenkten, von den Russen widerrechtlich fortgenommenen holländischen Dampfers "Alcor" befand.

Mit dem "Alcor" in Hangö.

Am 26. Juli verließ der Dampfer "Alcor" der Rotterdamer Firma van Nievelt Goudriaan mit 5000 Tons deutscher Kohle an Bord, bestimmt für die russische Firma Paul Bücke in Kronstadt, unter Führung des Kapitäns H. Ebes den Hafen von Rotterdam und traf nach guter und ereignisloser Fahrt am 31. Juli im Eingang des Finnischen Meerbusens ein. Den an Bord Befindlichen war es bereits aufgefallen, daß die Leuchtfeuer im Meerbusen nicht mehr brannten, obwohl bekanntlich am 31. der Krieg noch nicht erklärt worden war. Die Offiziere auf der Kommandobrücke unterhielten sich erregt, da es sie auch befremdet hatte, daß den ganzen Nachmittag über keine anderen Schiffe gesichtet worden waren. Um 11¼ Uhr abends blinkten plötzlich Blitzlichter in der Entfernung auf, die anscheinend von signalisierenden Schiffen herrührten. Durch die Nachtgläser konnte man erkennen, daß es russische Torpedoboote waren, die mit größter Geschwindigkeit näher kamen. Es wurde der übliche Warnungsschuß gelöst, worauf der Dampfer "Alcor" sofort beilegte. Ein paar Sekunden später sauste ein Torpedoboot heran, legte sich steuerbords und rief den holländischen Dampfer auf russisch an. Da kein Mann an Bord des Schiffes Russisch verstand, blieben die Verständigungsversuche vergeblich, bis ein Offizier an den Rand des Torpedobootes trat und in gebrochenem Deutsch zuerst nach dem Namen und der Bestimmung des Schiffes fragte und dann lakonisch die Weiterfahrt mit den Worten verbot: "Es ist nicht erlaubt, nach Deutschland zu fahren. Fahren Sie zurück. Sie können nach Hangö in Finnland gehen, das ist frei." Der Kurs wurde sofort geändert. Der "Alcor" dampfte nordwärts, wurde jedoch die ganze Nacht von zwölf Torpedobooten begleitet, die ihn wiederholt anriefen.

Am Sonnabend, den 1. August, morgens um 7 Uhr, traf das Schiff auf der Reede von Hangö ein. Kaum waren die Anker herabgelassen, als Beamte der finnischen Zollbehörde an Bord kamen und die Lagerräume sowie alles Zollpflichtige versiegelten. Der Kapitän ging sofort an Land und erbat telegraphische Dispositionen von seiner Reederei. Das Schiff lag den ganzen Sonnabend auf der Reede. Am Sonntag morgen wurden sieben Torpedoboote gesichtet, die vor der Reede auf und ab kreuzten. Um $^3/_4$10 Uhr kam eins der Torpedoboote, das die russische Admiralsflagge am Vormast führte, heran, legte sich steuerbord, und ein Offizier rief durch ein Megaphon in deutscher Sprache, daß der Krieg zwischen Deutschland und Rußland seit gestern erklärt worden sei. Gleichzeitig fragte er nach Art der Ladung, welche Sorte Kohlen das Schiff an Bord habe usw. Das Torpedoboot kehrte zu seiner Flottille zurück, vermutlich, um dieser Informationen zu bringen.

Eine halbe Stunde später kam ein kleines russisches Hafenboot längsseits, auf dem sich etwa 25 russische Soldaten, kriegsmäßig ausgerüstet, unter den Befehlen eines sehr jugendlich aussehenden russischen Genieoffiziers befanden. Der Offizier, begleitet von einem Dolmetscher, kam an Bord und fragte bei dem Kapitän an, wie lange Zeit er gebrauchen würde, um Dampf aufzubringen, damit das Schiff in den Hafen einlaufen könne. Der Aufenthalt auf der Reede, die etwa 2 km vom Hafen entfernt ist, sei nicht mehr gestattet. Der Kapitän, im Bewußtsein, Angehöriger eines neutralen Staates zu sein, wollte Näheres über die Absicht der Russen erfahren. Eine jede Auskunft wurde ihm jedoch verweigert. Der Offizier forderte ihn auf, die unter finnischem Zollverschluß liegenden Räume zu öffnen. Der Kapitän weigerte sich dessen jedoch, weil dies strafbar sei, worauf der junge Offizier ihn anschrie: „Es ist Krieg! Wissen Sie, was das heißt? Ich selbst werde die Siegel öffnen!" Er riß den Säbel aus der Scheide und durchhieb die Verschnürung der Kohlenladeräume, die alsdann die Matrosen aufdecken mußten. Bald darauf kam ein russischer Lotse an Bord, der aber offenbar das Fahrwasser nicht kannte, denn zwei weitere Lotsen fuhren in einer Motorbarkasse dem Schiffe voran und gaben ihrem an Bord des „Alcor" befindlichen Kollegen Zeichen. Es heißt, daß alle finnischen Lotsen durch russische Lotsen aus dem Schwarzen Meere ersetzt worden seien, da die Russen den Finnen nicht mehr trauten.

Endlich gelangte das Schiff in den Hafen, wo es quer vor den Eingang gelegt wurde, und der Lotse meinte bereits, daß der Dampfer vermutlich benutzt werden würde, um den Hafen zu blockieren. Während man an Bord noch damit beschäftigt war, das Schiff festzulegen, kam das Hafenboot wieder längsseits, das diesmal außer Soldaten auch Matrosen an Bord hatte, die runde, unförmige Pakete von etwa $^1/_2$ m Durchmesser in den Händen trugen. Der junge Genieoffizier sprang als Erster an Bord und rief dem Kapitän befehlerisch zu, daß innerhalb einer halben Stunde alles von Bord müsse; persönliches Eigentum könne, soweit die Zeit es gestatte, mitgenommen werden. Obgleich der Kapitän auf das energischste protestierte und auf die Neutralität seines Dampfers hinwies, gab der Offizier seinen Matrosen dennoch Befehl, sich nach dem hinteren Teil des Schiffes zu begeben. Sieben Matrosen schleppten riesige Dynamitbomben auf den Schultern, während ein achter die Zündschnur trug. Der Offizier erwiderte auf einen nochmaligen Protest schroff: „Tun Sie, was ich Ihnen sage, Rußland wird alles bezahlen." Die Besatzung des „Alcor" arbeitete mit der äußersten Anstrengung, um möglichst viel Privateigentum von Bord zu schaffen.

Inzwischen war der Offizier mit den Bombenträgern in den Maschinenraum hinabgestiegen und jagte die Maschinisten unter Drohungen hinaus. Der Offizier war ganz außerordentlich aufgeregt, leichenblaß, klatschte in die Hände und rief: „Höchste Zeit, höchste Zeit!" Nachdem die Mannschaft und Passagiere an Bord des Hafenbootes gebracht worden waren, verließ Kapitän Ebes als letzter mit der holländischen Flagge sein Schiff, worauf der russische Offizier, der sich einer gewissen Ergriffenheit nicht erwehren konnte, die holländische Flagge leicht salutierte. Das Hafenboot fuhr möglichst weit von dem „Alcor" weg, an dessen Bord als einziger der Offizier zurückblieb, um die Zündschnüre anzuzünden. Nach etwa einer Viertelstunde wurde er von einem kleinen Motorboot abgeholt; zehn Minuten später, genau 2,10 Uhr nachmittags, erfolgte die erste Explosion im Kesselraum. Eine riesige Dampfwolke stieg empor und das Schiff sank etwa 2 m. Dreiviertel Stunden später gab es zwei weitere Explosionen, worauf der „Alcor" sich seitwärts neigte und mit großer Schnelligkeit in den Fluten versank. Das war der Beginn der Zerstörung des Hangöer Hafens.

Mannschaft und Passagiere des „Alcor" wurden schon nach der ersten Explosion der Polizei übergeben; sie wurden zuerst auf das Polizeibureau gebracht und sollten dann in ein Hotel geschafft werden. Bereits auf dem Wege zum Polizeibureau jedoch sahen die Passagiere, wie ein Riesenkran des Hafens durch Dynamit gesprengt wurde. Vom Hotel aus, das eine weite Aussicht bot, sahen die Herren, wie der ganze Hafen systematisch zerstört wurde. Arbeiter, unter Führung von russischen Offizieren, rissen die Eisenbahnschienen auf den Kais auf und warfen sie einfach in den Hafen. Alle Kräne wurden in die Luft gesprengt, und gegen 4 Uhr nachmittags wurde die große Eisenbahnwerkstätte, eine ganz neue Anlage, durch Dynamit zerstört. Es gab eine ungeheure Explosion, die die Trümmer bis in die Wolken schleuderte. Auch die Lokomotiven, Eisenbahnwagen, Motore wurden alle ganz sinnlos vernichtet. Die Folge der Explosion war eine gewaltige Feuersbrunst, die die ganze Nacht Stadt und Hafen taghell erleuchtete. Der Bewohner von Hangö bemächtigte sich eine große Angst, daß ihre ganze Stadt eingeäschert werden würde, doch gelang es der finnischen Bevölkerung, ihre Wohnhäuser zu schützen. Am Montag morgen gingen die Herren nach dem Hafen, um das Werk der Zerstörung zu betrachten. Der Hafen war ein wüstes Trümmerfeld, bis zur Unkenntlichkeit zerstört, sogar die Kaimauern waren durch Dynamit zerschmettert worden. Bei den Finnen herrschte eine außerordentliche Verbitterung über die Vernichtung ihres Hafens durch die Russen, um so mehr, da der Hafen von Finnen erbaut worden war.   (Vossische Zeitung.)

Vom 30. Juli an wurden die in russischen Häfen zum Inseegehen fertigen deutschen Handelsschiffe unter nichtigen

Vorwänden von den Hafenbehörden hingehalten, am 31. Juli wurde ihnen das Auslaufen streng verboten, und am 2. August erfolgte die Beschlagnahme.

Der Hafen von Windau, welcher für den russisch-sibirischen Butterexport von großer Bedeutung ist, wurde durch Versenken von vier Schiffen gesperrt. Durch Löschen der Leuchtfeuer an den Küsten und Auslegen einer Minensperre im Rigaischen Meerbusen wurde dieses Gewässer für den auswärtigen Handel Rußlands ebenfalls so gut wie unbenutzbar. Der Verkehr durch die finnländischen Schären zwischen Hangö und Helsingfors wurde verboten. Desgleichen wurde jeder Verkehr von Handelsschiffen östlich der Linie Reval—Helsingfors, also auch nach und von Plätzen wie Wiborg, Kronstadt, St. Petersburg, untersagt. Auf der genannten Linie, quer über die Mitte des Finnischen Meerbusens, legten die Russen sofort Minensperren an; die Festungen Sveaborg und Kronstadt wurden in Verteidigungszustand gesetzt, soweit er noch nicht im stillen hergestellt war aus Furcht vor einem deutschen Überfall.

Mit allen verfügbaren leichten Streitkräften nahm die deutsche Flotte sofort nach Ausbruch der Mobilmachung Fühlung mit der russischen, welche im Finnischen Meerbusen hinter der dortigen Minensperre und im Schutz sehr starker Küstenbefestigungen bei Reval und Helsingfors angetroffen wurde. Zahlreiche Torpedoboote bildeten eine Beobachtungslinie zwischen der Insel Dagö und dem finnländischen Schärengürtel, gestützt durch dahinterstehende russische Kreuzer. Außerhalb dieses Bezirks wurden keine russischen Kriegsschiffe angetroffen, die den Schiffsverkehr auf der Ostsee stören konnten. Dieser erfreuliche Befund mußte festgehalten werden. Zur Beobachtung der Ausgänge des Finnischen und des Bottnischen Meerbusens wurde eine Vorpostenlinie ausgelegt, hinter der das deutsche Linienschiffsgeschwader derartig Aufstellung nahm, daß es schnell zur Stelle sein konnte, falls die Russen es wagen sollten auszubrechen.

Schon am 5. August war in St. Petersburg bekannt geworden, vermutlich durch Meldung von der Küste, daß ein

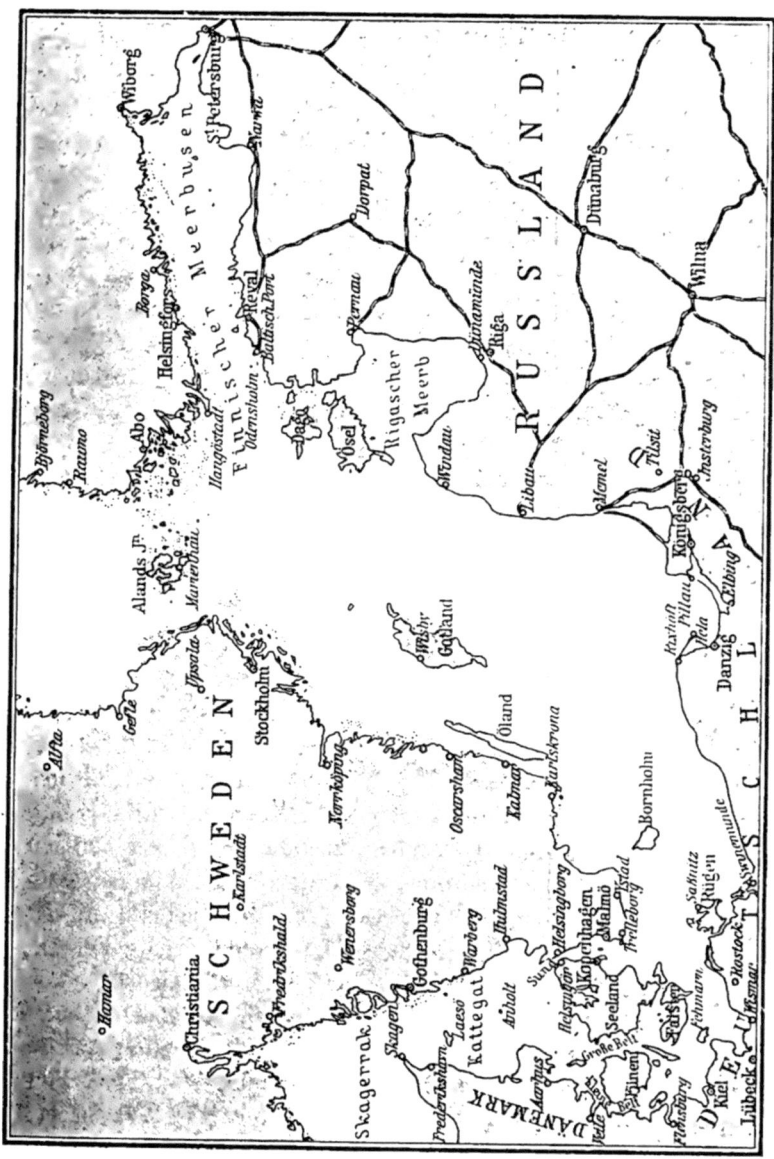

Übersichtsskizze zu den Ereignissen in der Ostsee.

aus neunzehn Kriegsschiffen bestehendes deutsches Geschwader zwischen Memel und Libau nordwärtssteuernd gesichtet worden war. Dieses Geschwader wurde später des öfteren bei klarem Wetter von der Nordspitze der Insel Gotland gesichtet und gemeldet. Seine Stärke machte einen solchen Eindruck auf die Russen, daß diese mit ihren Linienschiffen sich niemals westlich ihrer Minensperre sehen ließen. Überhaupt verhielten sich die russischen Kriegsschiffe vorwiegend defensiv, obschon unsere Kleinen Kreuzer und Torpedoboote oft Vorstöße machten teils zur Erkundung, teils zur Wegnahme russischer Schiffe im Bottnischen Meerbusen, teils zur Verstopfung der Ausfalllücken, welche die russischen Minensperren noch aufwiesen. Bei einer solchen Gelegenheit kam der Kleine Kreuzer „Magdeburg" in der Nacht am 26. August früh bei starkem Nebel nicht weit von dem Leuchtturm auf Odensholm an der Südküste des Finnischen Meerbusens auf Grund und ging bedauerlicherweise verloren.

Der Verlust des Kleinen Kreuzers „Magdeburg" bei Odensholm am 26. August 1914.

Wie es in den nordischen Gewässern häufig vorkommt, stellte sich nach einem klaren warmen Tag plötzlich dicker Nebel ein, als „Magdeburg" mit anderen Kreuzern und Torpedobooten nach Erledigung ihres Auftrages dem Westausgang des Finnischen Meerbusens zustrebte. Der Kurs der „Magdeburg" führte dicht an der Südküste entlang und aus nicht mehr festzustellenden Ursachen auf den felsigen Grund bei dem vorgenannten Leuchtturm. Weshalb der Kurs überhaupt in die gefährliche Nähe von Odensholm führen mußte, kann aus militärischen Gründen nicht gesagt werden. Bald nach Mitternacht saß das Schiff unverrückbar fest. Alle Versuche, durch Überbordwerfen entbehrlicher transportabler Gewichte das Schiff flott zu machen, waren vergeblich, ebensowenig nutzte das Rückwärtsarbeiten der Maschinen mit äußerster Kraft, unterstützt noch durch die Maschinenkraft des in der Nähe fahrenden und sofort zur Hilfe herbeigeeilten Torpedobootes V 26.

Mit Hellwerden und als sich der Nebel etwas lichtete, etwa gegen 2 Uhr morgens, wurde der Kreuzer von der russischen Küstenwachtstation entdeckt, die alsbald die russischen Kreuzer benachrichtigte. Nach 4 Uhr kamen mehrere russische Kreuzer, darunter die „Pallada", in Sicht; um 4 Uhr 30 Min. begann das Artilleriegefecht, das aber russischerseits bald eingestellt wurde, nachdem die hilflose Lage des Feindes erkannt war. „Pallada" ist ein Panzerkreuzer von 8000 Tons Wasserverdrängung, armiert mit 2—20,3 cm-, 8—15 cm- und 22—7,5 cm-Geschützen. Er allein ist schon der „Magdeburg", die 4500 Tons Wasserverdrängung und nur 12—10,5 cm-Geschütze hat, erheblich überlegen. Wahrscheinlich hofften die Russen, daß ihnen der deutsche Kreuzer eine sichere Beute werden müsse, die später noch gute Dienste für sie leisten könne. Der Kommandant der „Magdeburg", welcher die Hoffnung auf baldige Unterstützung aufgeben mußte, da die übrigen Teilnehmer an der Expedition wahrscheinlich selber im Nebel steckten und ihn nicht finden konnten, erkannte, daß es für die russische Übermacht ein leichtes war, das Schiff mit wenigen Breitseiten zu zerstören, und traf demgemäß seine Anordnungen. Die russischen Schiffe hielten sich übrigens in einer Richtung und Entfernung, daß die noch feuernden Geschütze der „Magdeburg" ihnen wenig anhaben konnten. Gegen 7 Uhr vormittags wurden alle Verwundeten auf das Torpedoboot V 26 gebracht und alle Vorbereitungen getroffen, das Schiff in die Luft zu sprengen und die Mannschaft zu retten. Zur Täuschung des Feindes wurde das wirkungslose Geschützfeuer bis zum letzten Augenblick fortgesetzt. Nach einem dreifachen „Hurra" auf Seine Majestät den Kaiser sprang die Besatzung, mit Rettungsgürteln versehen, auf Befehl ins Wasser, soweit sie nicht schon in den zu Wasser gelassenen Booten Platz gefunden hatte. Drei heftige Explosionen erschütterten das Schiff, das in zwei Teile auseinander barst und auf die Seite fiel. Das Torpedoboot näherte sich dem Wrack und suchte so viele der Besatzung als möglich aufzunehmen. Jetzt kamen die russischen Kreuzer heran und zwangen das Torpedoboot durch heftiges Geschützfeuer zum eiligsten

Rückzug. Ein Granattreffer machte eine Turbine unbrauchbar und setzte damit die Geschwindigkeit des Bootes bedenklich herab; ein zweiter Treffer ging in die Offiziersmesse, wo die Verwundeten untergebracht waren, und richtete dort entsetzliches Unheil an. Fast schien es schon, daß auch das Schicksal von V 26 besiegelt wäre, als der Nebel, welcher nie ganz verschwunden war, seine schützenden Schleier dicht um das Torpedoboot wickelte, so daß die Feinde ihre Beute fahren lassen mußten.

Von der 373 Mann starken Besatzung der „Magdeburg" wurden 85 Mann vermißt, darunter der Kommandant Korvettenkapitän Habenicht; der größte Teil war also gerettet. Leider trug „V 26", das glücklich den Anschluß an das Geschwader erreichte, 17 Tote und 21 Verwundete aus dem Gefecht.

Die Russen durchsuchten die Wracktrümmer der „Magdeburg" und schleppten alles, was nicht niet- und nagelfest war, fort. In der „Nowoje Wremja" vom 3. September findet sich hierzu folgende Bemerkung: „Bei der Untersuchung des deutschen Kreuzers „Magdeburg" stellte sich ein interessanter Umstand heraus, der auf die Behandlung der Mannschaften in der deutschen Marine schließen läßt. In jeder Offizierskammer fand sich eine lederne Peitsche, Handgriff, 25 cm und 9 Riemen von 30 cm Länge. Auf dem Griff ist K. M. (Kaiserliche Marine) und der Name des Offiziers gestempelt. Diese Peitschen zeigen das Merkmal eines sehr häufigen Gebrauchs; besonders abgenutzt ist die Peitsche des I. Offiziers, der ja dem Charakter seiner dienstlichen Tätigkeit nach am meisten mit den unteren Chargen der Besatzung in Berührung kommt."

Es darf nicht wundernehmen, daß beim Anblick dieser Klopfpeitschen, die natürlich den Burschen der betreffenden Offiziere zur Kleiderreinigung dienten, die „echtrussischen" Leute zunächst an die Knute in der Hand der Kasaken und das Gerben der lebendigen Menschenhaut denken mußten; dagegen ist die „Harmlosigkeit" der russischen Redaktion natürlich von England bezahlt.

Untergang des russischen Kreuzers „Pallada".

Am 11. Oktober mittags gelang es einem deutschen U-Boot, sich den Kreuzern „Bajan" und „Pallada", welche weiter als gewöhnlich ihre Erkundung nach Westen ausgedehnt hatten, auf gute Schußentfernung zu nähern. Das U-Boot — es war „U 26" — wurde zwar im letzten Augenblick von beiden Kreuzern bemerkt und unter heftiges Feuer genommen; nichtsdestoweniger brachte es zwei gute Treffer auf die „Pallada" an, welche eine so starke Wirkung hatten, daß das Schiff in kurzer Zeit in Wrackstücke zerbrochen mit der ganzen Besatzung senkrecht in die Tiefe ging. Kein Mann wurde gerettet, da der Kreuzer „Bajan" nach der gewaltigen Explosion sich sofort aus dem Staube machte.

Als unmittelbare Folge dieses Ereignisses darf man den Entschluß der russischen Regierung ansehen, feierlich zu erklären, daß sie sich gezwungen sähe, Gegenmaßregeln in weitem Umfange zu treffen, nachdem deutsche Unterseeboote am Eingang des Finnischen Meerbusens und die Auslegung von Minensperren durch den Feind an den Küsten Rußlands festgestellt worden seien. Folglich müsse die Schiffahrt am Eingange des Rigaischen Meerbusens und in den Küstengewässern der Aalandsinseln für gefährlich gelten. Um die an den Feindseligkeiten nicht Teilnehmenden den Kriegsgefahren nicht auszusetzen, seien Ein- und Ausfahrt des Rigaischen und Finnischen Meerbusens von der Verkündung dieser Bekanntmachung an als geschlossen anzusehen. Es waren inzwischen auch einige russische Torpedoboote und Minenfahrzeuge beim Aufnehmen deutscher oder russischer Minen in die Luft gegangen oder beschädigt worden.

Die deutsche Flotte beherrscht die Ostsee.

Gleichzeitig mit dem Sicherheitsdienst im Norden hatte unsere Ostseeflotte auch die stete Bewachung der im Westen gelegenen Zugänge, des Sundes und der Belte, eingerichtet. Die dänische Regierung hatte zwar bei Erklärung ihrer strikten Neutralität bekannt gemacht, daß die Belte und der Sund, soweit sie dänische Territorialgewässer seien, durch Minensperren für die militärische Aktion der im Kriege befindlichen Flotten geschlossen würden, daß Handelsschiffe nur mit Hilfe dänischer Lotsen diese Seegebiete passieren dürften; aber es lag auf der Hand, daß England diese Neutralität nur so lange respektieren würde, als es seinen militärischen Absichten dienlich erschien. Deutsche Unterseeboote im Verein mit Kreuzern und Torpedobooten zogen deshalb sofort als Wache an den Südausgängen dieser Meeresstraßen auf. Durch alle diese Maßnahmen gelang es unserer Flotte, dem erlaubten Handel über die Ostsee ein hohes Maß von Sicherheit zu gewähren und andererseits den Verkehr nach Rußland in diesem Gebiete vollständig zu unterbinden.

Nur im Bottnischen Meerbusen verkehrten, nachdem die russischen Dampfer gewissermaßen unter den Augen der russischen Flotte von uns beschlagnahmt worden waren, regelmäßig schwedische Dampfer, bis auch dort die Minengefahr und der herannahende Winter mit Dunkelheit und Eis der Seeschiffahrt Halt geboten. Rußland war für seinen Import, abgesehen von dem Landwege durch Schweden und Norwegen über Haparanda, hauptsächlich auf den Hafen von Archangelsk am Eismeer angewiesen, der für Massentransporte wenig geeignet ist, da die Wassertiefe nur 7,8 m beträgt und die Verbindung mit dem Hinterlande durch eine eingleisige Schmalspurbahn bewirkt wird. Seit Ende Dezember ist auch dieser Weg bis auf weiteres geschlossen.

In England hatte man kein Hehl daraus gemacht, daß die Unterstreichung der dänischen Neutralitätserklärung durch Minensperren für überflüssig erachtet, wenn nicht gar für ungehörig angesehen würde. Später wurde in der französischen Presse dasselbe Thema in geradezu drohender Tonart behandelt, als bereits englische Unterseeboote anfingen vor Gothenburg und dem Sunde ihr Wesen zu treiben. Am 20. Oktober 1914 wurden auf das dänische U-Boot „Havmanden", als es mit 5 Knoten Geschwindigkeit vor dem Nordeingang des Sundes an der Oberfläche kreuzte und die dänische Nationalflagge wehen hatte, zwei Torpedoschüsse von einem vorher nicht

Die deutsche Flotte beherrscht die Ostsee. 35

bemerkten U-Boot abgegeben (es ist später festgestellt worden, daß die Torpedos von englischer Herkunft waren; auch hat die englische Regierung sich in Kopenhagen entschuldigt). Glücklicherweise gingen beide Torpedos fehl. Am nächsten Morgen explodierte ein bei Nakkehoved angetriebener Torpedo. Diese Vorkommnisse deuteten darauf hin — denn daß kein deutsches oder skandinavisches U-Boot in Frage kam, war bald zweifelsfrei festgestellt —, daß englische U-Boote auf Wunsch der russischen Regierung in die Ostsee eindringen würden, um die zwölf russischen U-Boote, welche bisher keine Leistungen aufzuweisen hatten, etwas aufzumuntern. Wahrscheinlich ist es auch englischen U-Booten in dunkler Nacht darauf gelungen, die deutschen Vorpostenlinien zu durchbrechen, denn es sollen fünf von diesen Booten in Helsingfors angelangt sein. Auch die russische Flotte traf aus Kronstadt wieder in Helsingfors ein, wohin sie sich zum Winterschlaf bereits zurückgezogen hatte, nachdem der Marineminister an den Kommandanten der Baltischen Flotte folgende Mitteilung gerichtet hatte:

„Der Kaiser hat mich beauftragt, Ihnen und der Marine seine Anerkennung für ihre anstrengende Tätigkeit während der Herbstzeit unter den Gefahren von Torpedobooten und Unterseebooten auszudrücken. Dank Ihrer Geschicklichkeit und Ausdauer hat die Baltische Flotte die Verteidigung der Küste und der Hauptstadt mit Erfolg geführt und die Landarmee unterstützt. Trotz seiner zahlenmäßigen Überlegenheit hat der kühne Feind keine wirklichen Ergebnisse erzielt. Der Kaiser glaubt, daß Gott die Anstrengungen der russischen Marine, die zum Ruhme ihres teuren Vaterlandes kämpft, durch einen schließlichen Triumph segnen wird."

Es ist unverständlich, gegen welchen Feind die russische Flotte die Hauptstadt verteidigt und die Armee unterstützt hat. Erwähnt sei nur noch, daß eines der stärksten Linienschiffe von 18000 Tons Wasserverdrängung „Andrei Perwoswanny", durch sein wiederholtes längeres Festsitzen auf Untiefen bei Hangö und im Hafen von Helsingfors und durch seine darauffolgende Bodenreparatur in Kronstadt verschiedene andere

3*

russische Schiffe von ähnlicher Größe in den Verdacht des Festsitzens gebracht hat. Da aber dadurch der deutsche Admiralstab kaum getäuscht sein dürfte, so kann auch dies Festsitzen nicht als Verdienst der Baltischen Flotte gebucht werden.

Nachdem bekannt geworden war, daß die bei Kriegsausbruch von den Russen bewirkte Sperrung der Eingänge zum Libauer Hafen für flachgehende Fahrzeuge nicht mehr bestand, auch Anzeichen einer gewissen Tätigkeit auf dem dortigen Kriegswerftgebiet beobachtet worden waren, erschien es angebracht, gründlichst dort aufzuräumen. Am 17. November erschienen zwei deutsche Kreuzer und zehn Torpedoboote vor Libau und sperrten den Hafen durch Versenken von Schiffen vollständig, nachdem durch Torpedoboote, die in den Innenhafen eindrangen, festgestellt war, daß keine feindlichen Kriegsschiffe sich dort eingeschlichen hatten. Noch unbeschädigt gefundene wichtige militärische Anlagen wurden durch Artilleriefeuer zerstört. Eine Verwendung dieses Platzes als militärischer Stützpunkt für Unterseeboote ist jetzt ausgeschlossen. (Vgl. Skizze auf S. 14.)

Unerwarteter Erfolg der Fähre Saßnitz-Trelleborg.

Der englische Dampfer „Thelma" lief am 9. September 1914 auf der Fahrt von Karlshamm nach Göteborg östlich von Smygehuk östlich Trelleborg absichtlich auf die Küste auf, da er sich von einem deutschen Kriegsschiff verfolgt glaubte. Letzteres stellte sich aber als die harmlose deutsche Fähre von Saßnitz nach Trelleborg heraus. So ganz unberechtigt war der Gedanke des englischen Kapitäns beim Anblick des massigen Fährdampfers nicht, der als umsichtiger Seemann damit rechnen mußte, südlich des Sundes auf die deutsche Absperrungslinie zu stoßen. —

Der Kreuzerkrieg.
Vom Wesen des Kreuzerkrieges.

Nach dem von alters her geltenden Seekriegsrecht ist das auf dem Meere schwimmende Privateigentum der Kriegführenden dem Beuterecht unterworfen. Seit der Pariser Deklaration vom Jahre 1856 ist die Kaperei abgeschafft und sind nur Kriegsschiffe, also die unter der militärischen Kontrolle der kriegführenden Staaten stehenden Schiffe, zur Wegnahme feindlicher Handelsschiffe und Verhinderung des Konterbandehandels auf neutralen Schiffen befugt. Die aufgebrachten Schiffe, feindliche wie neutrale, und deren Ladungen müssen in die Häfen gebracht werden, wo Prisengerichte der kriegführenden Staaten entscheiden, ob die Handlungsweise der Kriegsschiffe rechtmäßig war und wie weiterhin mit den Schiffen und deren Ladungen zu verfahren ist. Werden letztere als gute Beute erklärt, so erhalten die Besatzungen der Kriegsschiffe, welche sie eingebracht haben, aus dem Erlös der Beute Prisengelder, um ihren Eifer zur weiteren Schädigung des Feindes anzufachen. Unserer Auffassung vom militärischen Dienst entsprechend sind in Deutschland die Prisengelder abgeschafft; für die englische Nation, die aus Seeraub groß geworden ist, ist unser Verfahren unverständlich; so werden auch in diesem Kriege die Prisengelder in England gezahlt. Wir hören sogar von Klagen, daß die englischen Prisengerichte nicht schnell genug arbeiten, in ihren Entscheidungen zu milde sind und so den Seeleuten der Königlichen Kriegsmarine den Verdienst vorenthalten und schmälern.

Was als Konterbande anzusehen ist, entscheiden die Kriegführenden nach ihrem Interesse, den Feind niederzuzwingen, ohne Rücksicht auf neutrale Handelsinteressen. Es ist Sache der Kriegführenden, den Konterbandehandel, d. i. die Unterstützung des Gegners, zu verhindern. Zu diesem Zweck sind alle Handelsschiffe der Durchsuchung durch die Kriegsschiffe der im Kriege befindlichen Staaten unterworfen, und zwar aus dem Grunde, weil die neutralen Regierungen billigerweise sich nicht für die Kriegführenden betätigen dürfen, sonst würden sie bald in eine schiefe Lage kommen und aufhören, neutral zu sein. Vergeblich haben die Seemächte versucht, die Willkür der Kriegführenden einzuschränken und den berechtigten Handel der Neutralen vor Schaden zu bewahren. England hat sich an den Verhandlungen darüber stets beteiligt, aber nur zum Schein.

Von den Abmachungen über Konterbande, welche in der Londoner Seerechtsdeklaration vom Jahre 1909 getroffen waren, aber von der englischen Regierung nicht ratifiziert wurden, hatten die Neutralen viel erhofft, aber England hat sie im gegenwärtigen Kriege nicht nur willkürlich zum Zwecke der Aushungerung Deutschlands verschärft, sondern unter demselben Vorwande auch in den Handelsverkehr der Neutralen untereinander mit einer bisher unbekannten Gewalttätigkeit eingegriffen. Offenbar hat England so gehandelt, weil es des festen Glaubens war, daß seine Seegewalt unbestritten bleiben und es seine Grundsätze der Handelskriegführung niemals gegen sich selber angewandt sehen könnte. Auch wußten die Engländer, daß Deutschland für die Art des Kreuzerkrieges, durch die England in den früheren großen Seekriegen zu Macht und Reichtum gelangt war, noch nicht genügend gerüstet war, um die englischen Zufuhren an Lebensmitteln und Rohstoffen, das Lebensinteresse Englands, ernstlich zu gefährden. Mit den vielleicht nicht ganz vermeidlichen Belästigungen durch einzelne deutsche Kreuzer zu Anfang des Krieges durfte man hoffen, bald fertig zu werden.

Der Kreuzerkrieg richtet sich zwar vorwiegend gegen die feindliche Handelsschiffahrt, begreift aber auch Unternehmungen gegen den feindlichen Kolonialbesitz und die Stützpunkte der maritimen Kriegführung in sich. Wie sicher sich die Engländer in dieser Hinsicht fühlen durften, z. B. in Ostasien, wo wir am stärksten vertreten waren, zeigt der folgende Vergleich des Tonnengehalts der bei Ausbruch des Krieges dort anwesenden gegnerischen Streitkräfte mit den unsrigen:

Deutschland u. Österreich-Ungarn 12 Kriegsschiffe = 42 700 Tons
England. . . . 22 Kriegsschiffe = 79 250 Tons ⎫
Frankreich . . . 8   -   = 19 950 - ⎬ 109 250 -
Rußland . . . 5   -   = 10 030 - ⎭

Dazu kam noch die japanische Flotte, deren Stärke zwischen der französischen und italienischen steht.

Damit unsere Kreuzer nicht durch diese gewaltige Übermacht erdrückt wurden, bedurfte es umfassender, weitsichtiger Vorkehrungen, die auf dem Gebiete der Admiralstabstätigkeit lagen, über die indessen, so bewunderungswürdig sie auch waren, zur Zeit nichts gesagt werden kann. Es sei nur auf die Schwierigkeit hingewiesen, welche die Mitteilung des drohenden Kriegsausbruchs und der Eröffnung der Feindseligkeiten an die vereinzelten Kreuzer mit sich brachte; denn seit der Kriegserklärung Österreich-Ungarns an Serbien wurde auf dem Weltkabel- und Telegraphennetz von seiten der Engländer der Verkehr unserer Schiffe untereinander und mit der Heimat kontrolliert, gestört und schließlich ganz gehindert. Glücklicherweise war das deutsche Telefunkennetz gerade soweit ausgebaut und in Tätigkeit, daß es gelang, unsere Schiffe rechtzeitig zu warnen. Da die Engländer und ihre Verbündeten aber sofort planmäßig gegen dieses Verkehrsmittel vorgingen, so entstanden für das Kreuzergeschwader besonders hinsichtlich der Kohlenversorgung die allergrößten Schwierigkeiten.

Das Kreuzergeschwader.

Als der Krieg ausbrach, befand sich das Kreuzergeschwader bestehend aus S. M. S. S. „Scharnhorst" (Flaggschiff) und „Gneisenau" auf der Reise nach den deutschen Kolonien in der Südsee. Von der Telefunkenstation auf Jap erhielt es die Nachricht vom Kriegsausbruch. In Ponape, einer der Karolinen-Inseln, stieß der Kleine Kreuzer „Nürnberg" zu ihm, der von Honolulu kam und auf dem Wege nach Tsingtau war. Die nach Ponape bestellten Kohlendampfer mußten abgewartet werden. Nach Ergänzung der Vorräte ging die Reise weiter nach den Gilbert-Inseln, wo wohl inzwischen auch die Nachricht von der Besetzung der Samoa-Gruppe durch ein von einem englischen Geschwader begleitetes australisches Expeditionskorps eingetroffen war. In der Hoffnung, dieses Geschwader dort noch zu finden und zum Kampf zu stellen, wurde die Reise nach Apia angetreten. Da das englische Geschwader bereits verschwunden war, wurde der Marsch nach der Westküste Südamerikas fortgesetzt.

Der Kleine Kreuzer „Nürnberg", der nach Honolulu entsandt war, um Post zu holen, zerstörte auf dem Rückwege zum Geschwader die Anlagen des kanadisch-australischen Kabels auf der Fanning-Insel. Am 22. September bombardierte das Geschwader die Hauptstadt der Gesellschaftsinseln und zerstörte das französische Kanonenboot Zélée. Die Nähe englischer und japanischer Kriegsschiffe war durch aufgefangene Funksprüche bekannt geworden. Die „Nürnberg" war während ihres Aufenthalts in Honolulu von ihnen umstellt gewesen, aber in dunkler Nacht entschlüpft. Ein Bericht des in Honolulu erscheinenden Pacific Commercial Advertiser möge hier Platz finden; er zeigt, wie kampfesmutig und zum äußersten entschlossen die Stimmung auch auf diesem Kleinen Kreuzer war.

Die Verdecks klar zum Gefecht und ohne Lichter ist gestern abend um 9 Uhr 20 Minuten der deutsche Kleine Kreuzer „Nürnberg", Kapitän Carl von Schönberg, in See gegangen, nachdem er erst am frühen Morgen des gestrigen Tages hier angekommen war, um in aller Eile Kohlen und Proviant einzunehmen. Draußen sollen nach hierher gelangten Berichten der australische Panzerkreuzer „Australia" und der Torpedobootszerstörer „Warego" liegen, die auf ihn seit Tagen vergeblich Jagd gemacht haben. Als das schnelle kleine Kriegsfahrzeug in den Kanal einfuhr, riefen ihm mehr als hundert Mitglieder der hiesigen deutschen Kolonie Abschiedsgrüße zu und sangen: „Die Wacht am Rhein", während die Besatzung des amerikanischen Kreuzers „South Dakota" ihm ein dreimaliges donnerndes Hurra nachschickte, welches von den deutschen Mannschaften in gleicher Weise erwidert wurde. Nach wenigen Minuten war der deutsche Kreuzer im Dunkel der Nacht verschwunden.

Die „Nürnberg" hätte noch bis heute 7 Uhr Zeit gehabt mit ihrer Abfahrt, doch dürften die Gerüchte über das Nahen der britischen Kriegsschiffe Kapitän von Schönberg veranlaßt haben, die Nacht zur Abfahrt zu benutzen. Der hiesige deutsche Konsul Georg Rodick war der letzte, der sich von dem deutschen Schiffskommandanten verabschiedete,

Das Seegefecht bei Santa Maria (chilenische Küste). 41

dessen letzte Worten waren: »Die „Nürnberg" mag unser Sarg werden, aber wir werden uns niemals ergeben.« Den gleichen Geist konnte man auch unter den Mannschaften des deutschen Kreuzers wahrnehmen, sie schienen sich nicht im mindesten vor der Anwesenheit britischer Kriegsschiffe zu genieren, sahen vielmehr aus, als ob sie ein Zusammentreffen willkommen heißen würden. Sechzehn deutsche Reservisten gingen hier an Bord der „Nürnberg", um für ihr Vaterland zu kämpfen.

Bei der Osterinsel und Juan Fernandez wurde Halt gemacht, um Kohlen zu nehmen. Dort bewerkstelligten auch die Kleinen Kreuzer „Leipzig" und „Dresden" ihren Anschluß an das Kreuzergeschwader, das am 31. Oktober auf der Höhe von Valparaiso, aber außer Sicht des Landes, eintraf. Der Kreuzer „Leipzig" befand sich bei Ausbruch des Krieges in San Francisco. Auf dem Wege nach dem Süden hatte er verschiedene englische Dampfer aufgebracht und versenkt und Nachrichten gesammelt. Die „Dresden" hatte ihren Kreuzzug im Südatlantischen Ozean vorübergehend unterbrochen. Nach eingegangenen Nachrichten waren die japanischen Kriegsschiffe „Kongo", „Hizen" und „Asama" und die englischen Kreuzer „Australia" und „Newcastle" in Verfolgung des deutschen Kreuzergeschwaders ebenfalls an der Westküste Amerikas angekommen, aber scheinbar noch nicht versammelt. Auf die Nachricht hin, daß ein englischer Kreuzer in Coronel zur Kohleneinnahme sich befände, nahm das deutsche Geschwader schnell entschlossen südlichen Kurs — zum glänzenden Siege.

Das Seegefecht bei Santa Maria (chilenische Küste) am 1. November 1914.
(Mit einer Skizze.)

Der englische Kontreadmiral Craddock erwartete mit seinem Geschwader, das aus den Großen Kreuzern „Good Hope" (14300 t), „Monmouth" (9950 t), dem Kleinen Kreuzer „Glasgow" (4900 t) und dem Hilfskreuzer „Otranto" (12000 t — 18 sm) bestand, das deutsche Kreuzergeschwader unter Befehl des Grafen Spee an der chilenischen Küste. Das Linienschiff „Canopus" war auf dem Wege durch die Magalhaesstraße, um das englische Geschwader zu verstärken. Alle Nachrichten über die Bewegungen der deutschen Kreuzer wurden, so bald sie das amerikanische

Festland erreichten, von den englischen Konsuln oder Agenten an eine Funkenstation telegraphiert, die von dem englischen Admiral an Land errichtet und mit seinen Marinemannschaften besetzt war. (Diese einzig Überlebenden der „Good Hope" sind jetzt als „gerettet" in der Presse aufgetaucht). Durch Funkspruch wurden diese Nachrichten an den englischen Admiral übermittelt, der von Kap Horn her außer Sicht der Küste langsam nordwärts steuerte. Die Kreuzer „Glasgow" und „Otranto" klärten vorwärts oder zwischen dem englischen Geschwader und der Küste auf. Nachdem um 4 Uhr nachmittags des 1. November Rauchwolken an Steuerbord voraus durch den Kreuzer „Glasgow" als von dem deutschen Kreuzergeschwader herrührend erkundet worden waren, schwenkte das englische Geschwader kehrt und steuerte südlichen Kurs. Die Engländer waren sehr überrascht, da sie der Meinung gewesen waren, daß sie in Valparaiso nur drei kleine Kreuzer mit Kohlenübernahme beschäftigt vorfinden würden. Ein Zusammenstoß mit dem deutschen Geschwader ohne Mitwirkung des „Canopus" und der bereits in der Nähe befindlichen Japaner lag durchaus nicht im englischen Interesse. Das deutsche Geschwader kam mit großer Fahrt heran; doch glaubte man auf den englischen Schiffen nicht, daß die Deutschen noch angreifen würden, da die Sonne dicht vorm Untergehen war und die Schiffe in der hohen Dünung stark schlingerten, ein Umstand, der das Bedienen der Geschütze und die Treffsicherheit sehr nachteilig beeinflußt. Um 7 Uhr 12 Minuten eröffnete „Scharnhorst" das Feuer gegen das englische Admiralschiff auf etwa 10 000 m Entfernung, in das „Gneisenau", „Leipzig" und „Dresden" einfielen, wobei sie „Monmouth" und „Glasgow" aufs Ziel nahmen, da der Hilfskreuzer „Otranto" das Weite gesucht hatte.

Die „Nürnberg" nahm zunächst an dem Kampf nicht teil, da sie mit besonderem Auftrag nach Norden entsandt war.

Die deutschen Schiffe hatten sich schnell eingeschossen, und dann begann ein mörderisches Schnellfeuer. Die deutsche Gefechtslinie stand zunächst der Küste, so daß ein Entweichen in die chilenischen Häfen für die Engländer nicht leicht war. Sie boten

Das Seegefecht bei Santa Maria (chilenische Küste). 43

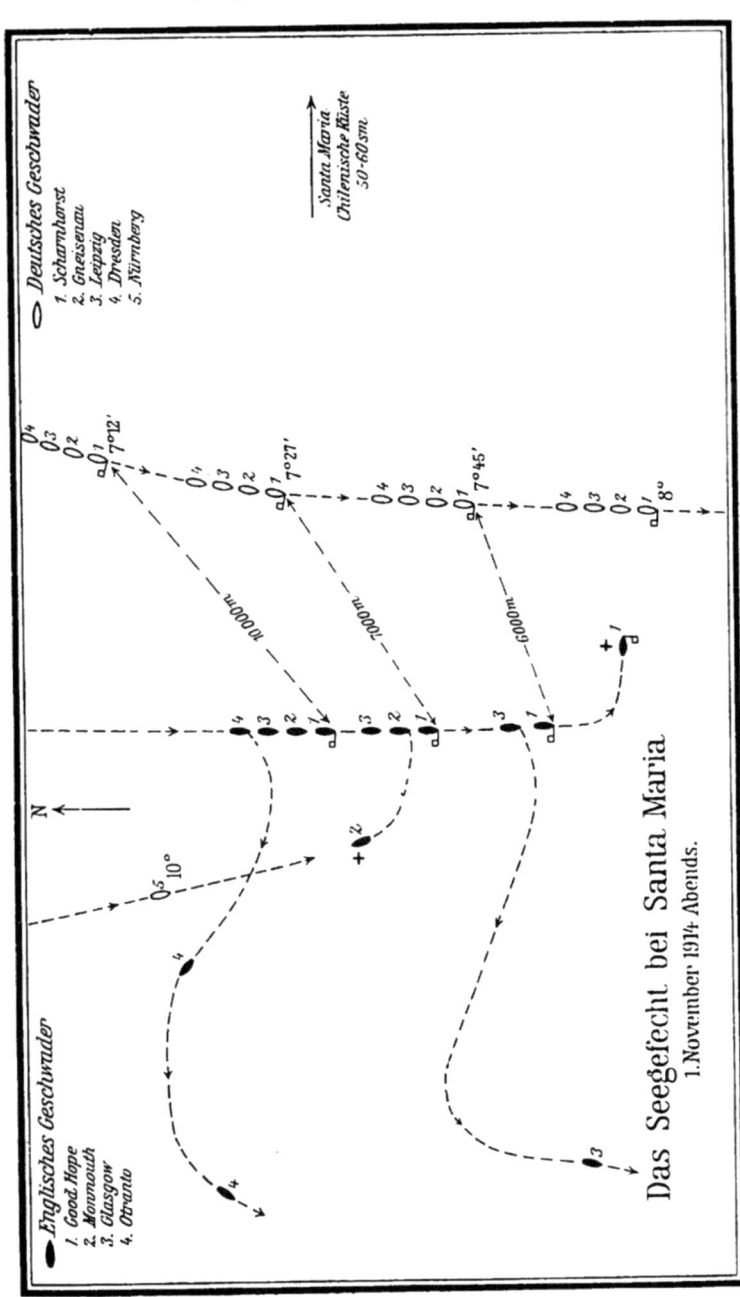

den deutschen Artilleristen gute Ziele dar, dadurch, daß sich die englischen Schiffsrümpfe, nachdem die Sonne untergegangen war, gut gegen den hellen westlichen Himmel abhoben. Nach etwa 15 Minuten hatte „Monmouth" bereits derartigen Schaden erlitten, daß er, im Vorschiff brennend, nach Westen aus der Linie abfiel und mit zunehmender Dunkelheit und bei dem hohen Seegang bald aus Sicht der Kämpfenden kam. Um 7 Uhr 45 Minuten traf eine Breitseite die „Good Hope" vor der vorderen Brücke und setzte das Schiff in Brand, dessen Hauptmaschinen und Steuereinrichtungen um diese Zeit schon sehr beschädigt gewesen sein müssen, denn es trieb, hilflos von dem an Stärke zunehmenden Sturmwind und den hohen Wellen hin und her geworfen, ostwärts auf die deutsche Linie zu. Um 8 Uhr abends gab es eine fürchterliche Explosion, Teile der „Good Hope", Flammen und Funken flogen 200 m hoch in die Luft; dann trat Stille ein; von der „Good Hope" war nichts mehr zu sehen. Von Rettungsversuchen mußte wegen der Dunkelheit und dem Sturmwetter abgesehen werden. Der Kreuzer „Glasgow" hatte nach dem Ausfall des „Monmouth" noch eine Zeitlang sich im Kielwasser der „Good Hope" gehalten und im wirkungslosen Feuergefecht auf „Leipzig" und „Dresden" gestanden. Nachdem er aber fünf Treffer, die — glücklicherweise für ihn — seiner Schwimmfähigkeit und Maschinenleistung nichts schadeten, erhalten hatte, zog er es vor, an die Ausführung seines Sonderauftrages zu denken, nämlich den „Canopus", der mittags etwa 700 Seemeilen südwärts gestanden hatte und zur Vereinigung mit dem Admiral Craddock am nächsten Tage zu kommen gedachte, von dem Ausgang des Gefechts zu unterrichten. Auf funkentelegraphischem Wege hatte „Glasgow" vergeblich versucht, sich dem „Canopus" verständlich zu machen; die Funkenstation auf „Scharnhorst" störte immer rechtzeitig den Verkehr. „Glasgow" steuerte erst WNW aus dem Bereich der deutschen Kanonen und dann südwärts, wo er auch mit „Canopus" zusammentraf.

Der zusammengeschossene „Monmouth", welcher stark übergeneigt nicht weit von der Stelle auf den Wellen trieb, wo er aus der Schlachtlinie gefallen war, wurde zufälligerweise von

Das Seegefecht bei Santa Maria (chilenische Küste). 45

dem Kleinen Kreuzer „Nürnberg", der seinem Geschwader sich anschließen wollte, in der Nacht angetroffen und mit wenigen Schüssen in den ungeschützten Schiffsrumpf zum Sinken gebracht. Auch hier verbot der Zustand der See und des Wetters jeden Rettungsversuch.

Das deutsche Kreuzergeschwader traf zur Kohlenergänzung am 3. November in Valparaiso ein, wo der dortigen deutschen Kolonie durch die Siegesnachricht eine große Freude bereitet wurde.

Es ist nicht aufgeklärt, ob der englische Admiral versucht hat, durch Ausnutzung der Geschwindigkeit seiner Schiffe, die in dieser Beziehung den deutschen gleichwertig waren, dem Kampfe auszuweichen oder ob er im Dunkel der Nacht auf eine andere Weise sich der für ihn doch offenbar ungünstigen Lage zu entziehen gedacht hat. Anderseits kann man auch unmöglich annehmen, daß er gemeint hätte, durch vorzügliche Treffleistungen seiner Geschützführer die Wirkung des überlegenen deutschen Kalibers auszugleichen. Es standen sich gegenüber:

deutsche 16: 21 cm   12: 15 cm   20: 10,5 cm   32: 8,8 cm
              Kanonen.

englische 2: 23,4 cm 32: 15 cm   10: 10,2 cm   20: 7,6 cm
              Kanonen.

Die artilleristische Überlegenheit war auf deutscher Seite und wurde in sehr geschickter und entschlossener Weise ausgenutzt. Aber auch die seemännische Tüchtigkeit der deutschen Geschützbedienung trat klar in die Erscheinung, als sie in so kurzer Zeit trotz des heftigen Schlingerns ihrer Schiffe die feindlichen Schiffe zerstörte, deren Artillerie in dem Gefecht nur auf „Gneisenau" zwei Mann verwundete.

Vom Kreuzer „Nürnberg" ist an den Magistrat der Stadt Nürnberg eine vom Kommandanten des Schiffes, Kapitän z. S. von Schönberg, am 3. November in Valparaiso aufgegebene Feldpostkarte mit einer Abbildung des Schiffes eingelaufen. Die Karte hat folgenden Wortlaut:

»Melde in Eile, daß S. M. S. „Nürnberg" am 1. November auf der Höhe von Coronel in der Nacht den havarierten englischen Panzerkreuzer „Monmouth" zum Sinken gebracht hat. Das Wetter war stürmisch, die Haltung der ganzen Besatzung aber vorzüglich. Wir hatten keinerlei Verluste. Oberleutnant z. S. Eidam, das Kind Ihrer Stadt, hat vorzügliche Dienste geleistet.

von Schönberg, Kapitän zur See,
Kommandant S. M. S. „Nürnberg"."

Das Gefecht bei den Falkland-Inseln am 8. Dezember 1914.

(Mit einer Skizze.)

Nach der Niederlage von Santa Maria war die englische Admiralität bemüht, nicht nur das deutsche Kreuzergeschwader zu vernichten, sondern auch durch einen entscheidenden Sieg das erschütterte Ansehen der ersten Seemacht der Welt wiederherzustellen. Auf das deutsche Geschwader unter Admiral Graf v. Spee wurde von englischen und japanischen Schiffen in großer Zahl Jagd gemacht. Die rechtzeitige Vereinigung einer Übermacht, die an der chilenischen Küste im entscheidenden Zeitpunkte nicht gelungen war, sollte unter allen Umständen gesichert werden. Mit größter Heimlichkeit wurde ein Seelord der Admiralität, der Vizeadmiral Sturdee, mit dieser Aufgabe betraut, und es wurden ihm hierzu zwei Dreadnoughtkreuzer, „Invincible" und „Inflexible", unterstellt, die im Mittelmeer entbehrlich geworden waren, und deren jeder für sich allein die beiden deutschen Kreuzer niederzukämpfen imstande war. Auf der Reise, die Ostküste von Südamerika entlang, empfing der englische Admiral durch Funkentelegramme dauernd Nachrichten über den Standort des deutschen Geschwaders und über die Bewegungen der es von allen Seiten beobachtenden, einem Zusammenstoß aber ausweichenden Kreuzer. So war es Sturdee auch nicht schwer, sich mit ihnen über ein gemeinsames Vorgehen gegen die Deutschen zu verständigen und die Vereinigung mit dem Linienschiff „Canopus" und anderen auf dem Wege nach der Südspitze Amerikas befindlichen Panzerkreuzern herzustellen. Dort boten die Falkland-Inseln, die dazu noch in englischem Besitz sind, eine ideale Zentralstellung, von der aus dem deutschen Geschwader, mochte es nun durch die Magalhaesstraße oder um das Kap Horn, östlich oder westlich der Falkland-Inseln, seinen Weg in den Atlantischen Ozean nehmen, entgegengetreten werden konnte. Denn daß der Atlantische Ozean das Ziel des deutschen Admirals war und sein mußte — wegen der besseren Kohlenversorgung und der Möglichkeit freierer Betätigung, — lag auf der Hand und war aus den bisherigen Bewegungen seines Geschwaders an der chilenischen Küste ohne weiteres erkennbar.

Der deutsche Admiral befand sich in einer strategisch äußerst schwierigen Lage, da er über die Verhältnisse beim Gegner, seine Stärke und seine Stellung, keine oder nur spärliche Nachrichten erlangen konnte, und weil er von den viel langsameren Kohlendampfern abhängig war, ohne die er nicht zu existieren vermochte. Aber auch wenn er in diesen Beziehungen günstiger gestellt gewesen wäre, so hätte er doch wenig Aussicht gehabt, seinem Schicksal zu entgehen, der Übermacht der Feinde zu unterliegen. Wie der Admiral darüber dachte, hat Graf Hoensbroech mitgeteilt: „Als Graf Spee vor zwei Jahren die Heimat zur Auslandsreise verließ, wurde er von Verwandten gefragt, was er tun werde, wenn inzwischen Krieg ausbräche." Er antwortete: „Dann hoffe ich, mich mit vielen Engländern auf dem Meeresgrunde wiederzufinden."

Graf Spee hat dieses Wort wahr gemacht, indem er die Panzerkreuzer „Good Hope" und „Monmouth" in die Tiefe vorausschickte.

Das deutsche Geschwader, bestehend aus den Großen Kreuzern „Scharnhorst" und „Gneisenau", den Kleinen Kreuzern „Leipzig", „Nürnberg" und „Dresden", wurde am frühen Morgen des 8. Dezember, als es noch 30 Seemeilen entfernt war, von der auf felsiger Höhe gelegenen Signalstation und den vorgeschickten Wachtschiffen „Kent" und „Glasgow" dem in Port Stanley auf der Ostseite der Inselgruppe versteckt zu Anker liegenden englischen Geschwader gemeldet. Die englischen Schiffe waren dort erst vor einundzwanzig Stunden zur Kohlenübernahme eingetroffen und hatten diese Arbeit wohl erst zum Teil erledigt. Für diese Annahme spricht der

Umstand, daß das Linienschiff „Canopus" während des späteren Kampfes nicht aus dem Hafen kam.

Das Insichtkommen der Kreuzer „Kent" und „Glasgow" und die frühere Meldung eines deutschen zur Aufklärung vorgeschickten Kreuzers, daß zwei englische Schiffe anwesend seien, mögen den Grafen Spee veranlaßt haben, seinen Kurs fortzusetzen und die feindlichen Schiffe, falls sie standhalten sollten, anzugreifen. Die Anwesenheit weiterer Schiffe und ihre Stärke blieb ihm offenbar so lange verborgen, bis er sich östlich von Port Stanley befand, weil der Hafen zum Teil von hohen Felsen umgeben ist, die den Überblick aus der Richtung seines Anmarsches verhindern.

Um 9 Uhr vormittags etwa feuerte das im Hafen liegende Linienschiff „Canopus" über flaches Vorland hinweg auf ungefähr 14000 m Entfernung auf das deutsche Führerschiff den ersten Schuß und eröffnete damit das Gefecht, wahrscheinlich in der Absicht, die Aufmerksamkeit des deutschen Admirals zu fesseln, seinen Vormarsch aufzuhalten und den eigenen Schiffen die Entwicklung aus dem Hafen zu erleichtern. Ungefähr um dieselbe Zeit kamen die ersten der noch im Hafen befindlichen Kreuzer hinter den die Sicht verdeckenden Felsen hervor. Das deutsche Geschwader änderte daraufhin den Kurs, der bisher eine nördliche Richtung gehabt hatte, auf Ost. Gegen 10 Uhr konnte der deutsche Admiral, nachdem zuletzt auch „Inflexible" und „Invincible" hinter der Felsenhalbinsel erschienen waren, die taktische Lage übersehen und seine Entschlüsse fassen. Nur tapferes Kämpfen bis zum äußersten und Kriegsglück konnten ihm aus der Falle helfen, in die er geraten war. Er hatte zwar einen ansehnlichen Vorsprung vor den englischen Dreadnoughtkreuzern; es war aber klar, daß diese mit ihrer überlegenen Geschwindigkeit (26:20 Seemeilen) den „Scharnhorst" und „Gneisenau" einholen und zum Kampfe stellen konnten, dessen Ausgang — es kämpften 16 englische 30,5 cm Kanonen gegen 16 deutsche 21 cm Kanonen — wenig hoffnungsvoll für die deutsche Seite erscheinen mußte. Der deutsche Geschwaderchef befahl den Kleinen Kreuzern und Hilfsschiffen, das Weite zu suchen und sich zu retten; indem er das Artilleriefeuer von „Scharnhorst" und „Gneisenau" auf diejenigen englischen Schiffe lenkte, die unsere sich zerstreuenden Kleinen Kreuzer verfolgten, suchte er nach Möglichkeit diesen das Entkommen zu erleichtern. Dies war allerdings nur so lange möglich, bis „Invincible" und „Inflexible" herangekommen waren, so daß sie das Feuer eröffnen konnten. Das geschah um 1 Uhr nachmittags auf etwa 14000 m Entfernung. Der Panzerkreuzer „Cornwall" erhielt zuvor noch einen empfindlichen Unterwassertreffer von „Scharnhorst", der seine Geschwindigkeit erheblich herabsetzte, so daß er die Verfolgung der „Dresden" aufgeben mußte. „Dresden" entkam nach der Magalhaesstraße.

Zuverlässig ist über die Stärke der im Gefecht und bei der Verfolgung beteiligten englischen Kriegsschiffe bekannt geworden, daß in Port Stanley außer den bereits genannten noch die Kreuzer „Carnarvon" und „Bristol" und der Hilfskreuzer „Macedonia" anwesend waren, von denen „Carnarvon" den beiden Dreadnoughtkreuzern sich anschloß, während „Bristol" und „Macedonia" die Verfolgung der deutschen Kohlenschiffe aufnahmen. Daß ein japanisches Geschwader in der Nähe war — vermutlich folgte es dem deutschen Geschwader von Kap Horn her —, daß ein englisches Kreuzergeschwader, welches zwischen der Magalhaesstraße und den Falkland-Inseln gestanden haben mag, sich an der Jagd und Vernichtung der „Nürnberg" und „Leipzig" beteiligte und noch eine Anzahl von Hilfskreuzern wie „Otranto", „Orissa" mitwirkten, scheint ebenfalls festzustehen. Es dürften aber wohl noch mehr Kriegsschiffe für die Vernichtung des deutschen Kreuzergeschwaders aufgeboten worden sein.

Das Wetter war klar; es wehte eine leichte nordöstliche Brise. Die deutschen Großen Kreuzer vereinigten ihr Feuer anfangs auf das Flaggschiff „Invincible". Als die englischen Schiffe infolge ihrer größeren Geschwindigkeit anfingen, an den deutschen vorbeizulaufen und sie von vorn zu umfassen, um sie der Länge nach zu bestreichen und ihnen den Weg nach Osten zu verlegen, haben diese offenbar allmählich ihren Kurs nach SO geändert. Der „Invincible" ist wohl zwanzig-

mal von deutschen Granaten getroffen worden. Ein deutsches
Geschoß schlug in eines der 10,2 cm Geschütze des „Invincible"
und spaltete es der Länge nach. Der Kommandant wurde
leicht verwundet. Als der „Invincible" später in Montevideo besucht wurde, wies er viele Merkmale der guten
artilleristischen Wirkung der deutschen Schiffe auf. Auf
der Backbordseite waren sechs Treffer, die aber keinen
bedeutenden Schaden verursacht hatten. Ein Volltreffer war
auf Steuerbordseite in der Wasserlinie zu bemerken. Auf
Oberdeck waren deutliche Zeichen von zahlreichen Treffern
der deutschen Granaten zu sehen. Eine schien nahe beim
vorderen Schornstein explodiert zu sein; eine andere verursachte großen Schaden in einem Vorratsraum, eine dritte
zerschmetterte einen Davit. Das deutsche Geschützfeuer schien
hauptsächlich auf den Kommandoturm gerichtet gewesen zu sein.

Auf der englischen Seite wurde das Artilleriefeuer ebenfalls auf das gegnerische Flaggschiff vereinigt, bis es gänzlich
niedergekämpft war. Der Panzerkreuzer „Carnarvon" mit
seinen vier 19 cm und sechs 15 cm Kanonen dürfte die Aufgabe gehabt haben, das Feuer des „Gneisenau" zu stören und
abzulenken. Als gegen drei Uhr bemerkt wurde, daß der
„Scharnhorst", dessen Feuer schwächer geworden war, stark
nach vorn überneigte, forderte Vizeadmiral Sturdee den
Grafen Spee zur Übergabe auf, erhielt aber eine ablehnende
Antwort. Offenbar hatte der „Scharnhorst" schwere Ver-
letzungen erlitten, drei seiner Schornsteine und beide Masten
waren weggeschossen, seine Fahrgeschwindigkeit war sehr ge-
mindert worden. Um 4 Uhr, nachdem er noch eine Stunde
mit 30,5 cm Granaten zerschossen war, ging das deutsche
Flaggschiff unter, feuernd bis zum letzten Augenblick.

Vom „Scharnhorst" ist kein Mann gerettet. Welchen
Umständen dieses fast unglaubliche Vorkommnis zuzuschreiben
ist, wurde bisher nicht aufgeklärt; jedenfalls ist nicht bekannt
geworden, daß eine große Explosion der Pulverkammern
oder der Schiffskessel beim Untergang stattgefunden hat.

Der Zustand der See und des Wetters kann hierfür
nicht in Betracht kommen, denn er war erwiesenermaßen

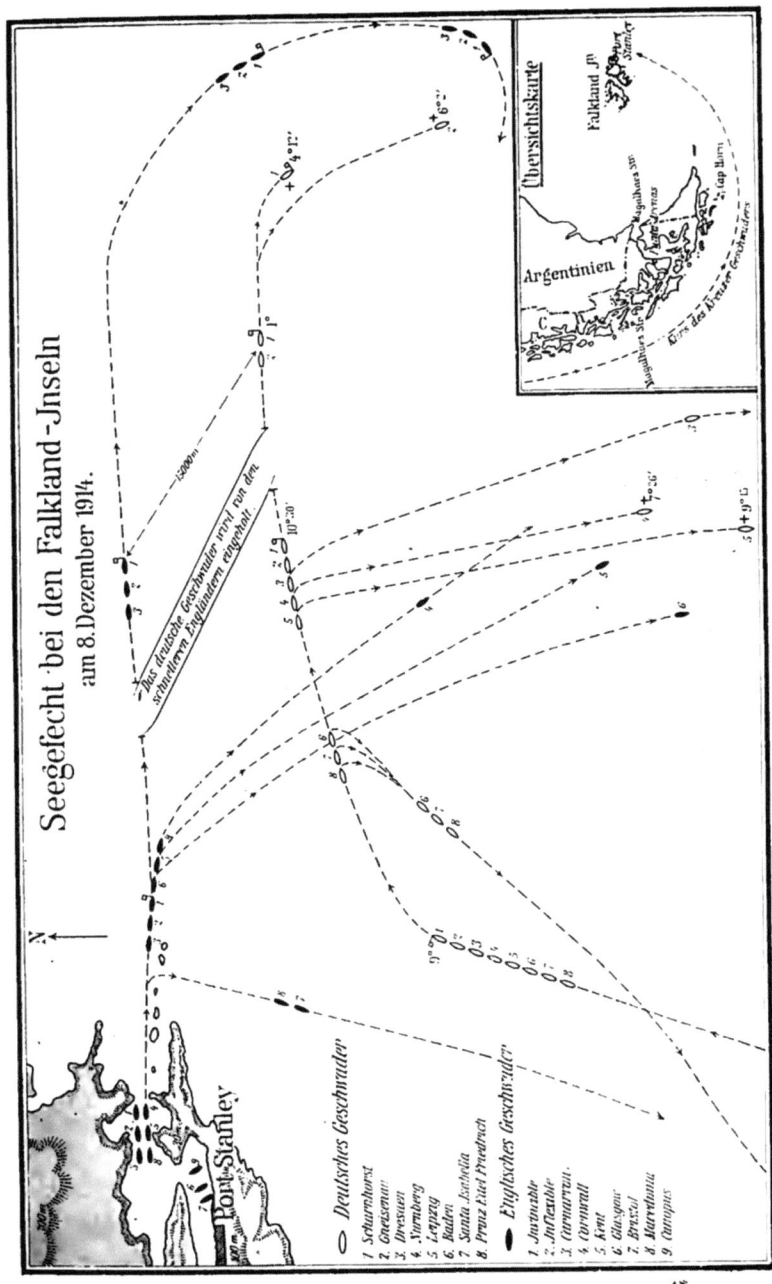

günstig. Außerdem war in jener Gegend, die so weit südlich vom Äquator liegt wie Berlin nördlich, Sommer und lange Tageslicht; allerdings hat das Meerwasser in jenen Breiten eine verhältnismäßig niedere Temperatur, so daß viele Schiffbrüchige durch die Kälte bald betäubt und erstarrt gewesen sein mögen.

Gleich nach dem Untergang des „Scharnhorst" wurde das englische Feuer auf „Gneisenau" vereinigt. Daß die drei englischen Schiffe noch weitere zwei Stunden brauchten, um mit ihrer schweren Artillerie den „Gneisenau" zum Sinken zu bringen, kann nicht als besondere artilleristische Leistung angesehen werden und spricht dafür, daß der „Gneisenau" sich tapfer gewehrt und den Gegnern, die in den vorhergehenden Stunden auch schon deutsche Treffer erhalten, kräftig zugesetzt hat. Schließlich waren auf dem „Gneisenau" alle Kanonen unbrauchbar, sämtliche Munition war verschossen, der Kommandoturm durch eine 30,5 cm Lydditgranate über Bord geworfen. Beide Maschinen waren zerstört, das Hinterschiff brannte lichterloh. Das Feuer würde sich wahrscheinlich noch weiter verbreitet haben, wenn nicht die zahlreich in der Nähe des Schiffes einschlagenden Granaten bis zu 100 Meter hohe Wassersäulen emporgeschleudert hätten, die auf das Oberdeck sowie durch die Luken und großen Schußlöcher in das Innere des Schiffes sich ergossen und dort die Brände, die infolge der Explosionen der wirklich das Schiff treffenden Granaten überall entstanden, löschten.

Auch der „Gneisenau" lehnte die Aufforderung ab, sich zu ergeben. Beim Untergang, der um 6 Uhr nachmittags erfolgte, war die Besatzung auf Oberdeck versammelt, so weit dieses zu betreten noch möglich war. Bevor der „Gneisenau" kenterte, welcher starke Schlagseite hatte, quoll im letzten Augenblick eine starke Dampfwolke hoch empor, und sein Vorsteven stieg steil in die Luft. Nur eine kleine Anzahl der Besatzung wurde gerettet, weil sich diesmal die Engländer dazu bequemten, einige Rettungsboote zu Wasser zu lassen, was beim Untergang des „Scharnhorst" nicht geschehen war in der Befürchtung offenbar, der „Gneisenau" könnte während

Das Gefecht bei den Falkland-Inseln. 53

des Rettungswerkes entwischen — eine höchst sonderbare Befürchtung bei ihrer numerischen und sonstigen Überlegenheit.

Zur Verfolgung der drei kleinen deutschen Kreuzer waren die Panzerkreuzer „Cornwall", „Kent", die je vierzehn 15 cm Kanonen führten, und der Kreuzer „Glasgow" mit zwei 15 und zehn 10 cm Kanonen abkommandiert worden. Letzterer war auch an Geschwindigkeit den deutschen Schiffen überlegen.

Zwischen „Glasgow" und „Leipzig" entspann sich ein Kampf, der, bei höchster Geschwindigkeit geführt, bis 9 Uhr abends dauerte, als der deutsche Kreuzer, in Feuer gehüllt und bis zum letzten Augenblick feuernd, unterging.

Der Kleine Kreuzer „Nürnberg" wurde von „Kent" gejagt. In seiner Nähe scheint sich anfangs die „Dresden" gehalten zu haben, um ihm gegen den Panzerkreuzer beizustehen; erst als noch mehr Feinde in Sicht kamen, ist „Dresden" mit äußerster Kraft davongelaufen und hat glücklich die Magalhaesstraße und den Hafen von Punta Arenas erreicht. Um $1/_28$ Uhr abends soll dann „Nürnberg", nachdem sie die Aufforderung sich zu ergeben abgelehnt hatte, von überlegener Macht zusammengeschossen, ehrenvoll untergegangen sein.

Über die Verluste und Beschädigungen der Engländer äußern sich englische Berichte, daß sich die englischen Schiffe selbstverständlich in beträchtlicher Entfernung während des Artilleriegefechts hielten und daß die deutschen 21 cm Geschütze die ganze Kampfzeit hindurch sehr unwirksam waren, wenn sie auch auffallende Treffsicherheit bewiesen. „Unsere Schiffe sind so gut wie unbeschädigt, und wir hätten das Gefecht viel früher beendet, wenn wir näher herangegangen wären. Aber unser Ziel war selbstverständlich, sie in den Grund zu bohren, ohne dabei selbst Beschädigungen zu erhalten." Von den im Gefecht gewesenen englischen Schiffen ist nach verhältnismäßig lange dauernder Überfahrt der Kreuzer „Invincible" in Gibraltar zur Reparatur eingetroffen und hat dann, um für drei weiter angemeldete Schiffe Platz zu machen, nach Notreparatur die Reise nach Malta fortgesetzt. Der Kreuzer „Cornwall" hat einen Unterwassertreffer bekommen, eine

Verletzung, die immer als schwer anzusehen ist, wenn das Schiff deshalb auch nicht gleich zu versinken braucht. Der Kreuzer „Defence" soll bei der Verfolgung auf Grund gelaufen sein (vor der Magalhaesstraße?). Wir haben Veranlassung, den englischen Nachrichten über die eigenen Verluste zu mißtrauen.

Mehrere englische Augenzeugen des Kampfes, deren Briefe nach Zensur im Auszuge in den englischen Zeitungen erschienen, sind einstimmig in dem Lob über das tapfere Verhalten unserer Seeleute und bedauern, daß so wenig von diesen prächtigen Gesellen haben gerettet werden können. Sonst gehen die Berichte sehr auseinander und widersprechen sich in wesentlichen Punkten; sie sind offenbar zurechtgestutzt, damit die volle Wahrheit nicht an den Tag kommt. Aber auch das Übriggebliebene genügt, um zu erkennen, mit welcher Brutalität der englische Admiral verfahren hat. So heißt es in dem Bericht eines Offiziers des „Inflexible":

„Wir fuhren nun zur Unterstützung des Flaggschiffs und gingen auf den „Gneisenau" los. Ungefähr 4 Uhr 45 Min. nachm. war er offenbar im Begriff zu sinken und hatte aufgehört zu feuern. Seine Flagge war verschiedene Male weggeschossen worden, aber er hatte sie immer wieder gehißt, und nun glaubten wir, er hätte sie niedergeholt. Die einzige sichtbare Beschädigung war, daß sein vorderster Schornstein weggeschossen war, obwohl er, wie wir später fanden, übel zugerichtet worden war; offensichtlich hatte er keine Flagge mehr, war aber immer noch voll Angriffslust, denn als wir uns näherten, bekam er es fertig, noch eine einzelne Kanone auf uns abzufeuern. So mußten wir wieder von ihm abstehen und gaben ihm noch einige weitere Schüsse, desgleichen ein anderer unserer Kreuzer („Carnarvon"), der hinzugekommen war. Ungefähr 5 Uhr 15 Minuten sah man, wie er zu sinken begann, und wir näherten uns ihm. Er holte ganz langsam über, bis er auf 70° kam. Dann kenterte er mit plötzlichem Ruck, eine starke Dampfwolke quoll hoch, sein Vordersteven stieg steil in die Luft, und das Schiff verschwand.

Ich sollte meinen, daß es ungefähr 300 bis 400 Mann von der Besatzung gelang, vom Schiff freizukommen und sich über Wasser zu halten, an Wrackstücken, an Hängematten oder sonst irgend etwas hängend, woran sie sich festklammern konnten.

So schnell wir vermochten, setzten wir alle übrig gebliebenen Boote aus, um sie aufzufischen, und warfen ihnen Rettungsgürtel und alle erreichbaren Holzstücke zu. Das Flaggschiff und andere Kreuzer waren herangekommen und taten dasselbe, trotzdem ertrank eine große Anzahl, da wir nur wenig Boote hatten und die See anfing, unruhig zu werden. Auch war es entsetzlich kalt im Wasser; die Geretteten, die wir an Bord brachten, waren halb erfroren, und wir konnten sehen, wie viele von ihnen Holzstücke oder was sie sonst festhielten, losließen. Am nächsten Tage bemerkten wir Eisberge.

Wir retteten den Kommandanten des „Gneisenau", 7 Offiziere und ungefähr 50 Mann; den drei Schiffen gelang es, ungefähr 180 Mann aufzufischen, aber eine Menge ertrank. Es war ein entsetzlicher Anblick, sie im Wasser umherschwimmen zu sehen, schreiend, daß ihnen ein Boot zu Hilfe kommen möchte, und wie sie dann plötzlich versanken."

Die Engländer haben ihren Zweck, das Kreuzergeschwader zu vernichten, erreicht bis auf die „Dresden". Daß ihnen dies vier Monate nach Kriegsbeginn gelang und mit Aufwand einer so ungeheuren Macht, wird ihnen in der Geschichte nicht als besondere Ruhmestat angerechnet werden, so sehr sie sich auch damit brüsteten. Der Verlust ist für uns sehr schmerzlich, kann uns aber nicht beugen, da wir ihn vorausgesehen und mit dem Krieg auf den Ozeanen als mit einer für das Ganze weniger in Betracht kommenden Nebenhandlung gerechnet haben. Die Art wie unsere Seeleute gegen die Übermacht gefochten haben und in den Tod gegangen sind, kann die deutschen Herzen nur mit freudiger Bewunderung und mit der Hoffnung erfüllen, daß der endgültige Sieg auf unsrer Seite sein wird.

Der Geschwaderchef Vizeadmiral Graf von Spee ist mit dem „Scharnhorst" untergegangen; mit ihm fanden seine beiden Söhne, welche als Leutnants auf „Gneisenau" und „Nürnberg" kämpften, den Seemannstod. Gerettet wurde von der Besatzung des „Scharnhorst" niemand. Die Zahl der Geretteten von „Gneisenau" beträgt 17 Offiziere und 170 Mann, von „Nürnberg" kein Offizier und nur 7 Mann, von „Leipzig" 4 Offiziere und 14 Mann.

Der Kreuzerkrieg im Atlantischen Ozean.

Das rührige Auftreten unserer beiden Kreuzer S. M. S. S. „Karlsruhe" und „Dresden" im Atlantischen Ozean veranlaßte bereits am 13. August die englische Admiralität, beruhigende Erklärungen an die Handels- und Schiffahrtskreise Englands zu richten, die besonders wegen der Verbindung nach Südamerika besorgt waren. Es wären alle Vorbereitungen getroffen, um in der ganzen Welt die schon vorhandene Überlegenheit an Kreuzern zu verdreifachen. Es läge also kein Grund zu ernster Beunruhigung vor. Im Atlantischen Ozean zum Beispiel wären 24 englische Kreuzer außer den französischen auf der Suche nach den dort befindlichen fünf (!) deutschen Kreuzern (gemeint sind wohl die Kreuzer „Dresden", „Karlsruhe", „Bremen", Kanonenboote „Panther" und „Eber"), welche beständig gejagt würden und deshalb kein Unheil anrichten könnten. Die Schiffahrt könne daher unbedenklich in gewohnter Weise fortgesetzt werden. Nur für die Nordsee könnte die Admiralität keine Garantie übernehmen, da dort deutsche Minen in verbrecherischer Weise ausgestreut worden seien, ohne die friedliche Schiffahrt zu benachrichtigen.

So richtig auch die Behauptung war, daß viele englische und französische Kreuzer, zu denen sich im Laufe der ersten Monate noch mindestens die gleiche Zahl schwer armierter Hilfskreuzer gesellte, unsere Kreuzer suchten und jagten, so begründet war auch die Angst der englischen Reederei, daß ihnen das Geschäft verdorben werden würde. Die lange Liste der von den Kleinen Kreuzern „Karlsruhe" und „Dresden" sowie den Hilfskreuzern „Kronprinz Wilhelm" und „Kaiser Wilhelm der Große" zur Strecke gebrachten Dampfer sollte bald eine deutliche Sprache reden. Mit Ausnahme des letztgenannten Hilfskreuzers, der unter Verletzung der spanischen

Neutralität von dem englischen Kreuzer „Highflyer" vernichtet wurde, erfreuten sie sich nach nunmehr sechsmonatiger anstrengender Tätigkeit der besten Gesundheit und hielten durch ihre Kreuzzüge im Atlantischen Ozean die zum Schutz der englischen Handelslinien aufgebotene Macht beständig in Atem. Diese Leistung ist um so mehr anzuerkennen, als ihnen geschützte Stützpunkte fehlten, wo sie ausruhen, ihre Vorräte ergänzen, Maschinen und Kessel gründlich reinigen und instandsetzen konnten, während ihre Feinde solche an vielen Orten besaßen, z. B. in Kanada, Jamaika, den Bermudas-Inseln, Kleinen Antillen, Trinidad usw.

Der Handelsschutz kommt den Engländern teuer zu stehen, da sie zur Unterstützung der Kriegsschiffe bis jetzt 60 große Handelsdampfer als Hilfskreuzer armiert und mit Offizieren und Mannschaften der Kriegsmarine besetzt haben. Trotzalledem gelang es ihnen nicht, die völlige Sicherheit auf ihren Haupthandels- und Zufuhrstraßen herzustellen.

Das vierte englische Kreuzergeschwader, bestehend aus den Panzerkreuzern „Suffolk", „Berwick", „Essex", „Lancaster" und dem Kleinen Kreuzer „Bristol", hatte vor Kriegsbeginn die „Karlsruhe" umstellt, um sie, sowie sie sich auf offenem Meere zeigen würde, unschädlich zu machen. Bereits am 6. August erfolgte die erste Begegnung, die ein Augenzeuge in einem Feldpostbrief wie folgt schildert:

.... Am 6. August (inzwischen hatten wir von der erfolgten Kriegserklärung zwischen England und Deutschland Nachricht erhalten) wurde vom Ausguck gemeldet, daß am Horizont eine Rauchwolke auftauche, die sich zusehends nähere. Nach einiger Zeit konnten wir die Masten erkennen, und bald hatten wir den Dampfer als den feindlichen Panzerkreuzer „Berwick" erkannt. Das Überladen der Gewehre und der Munition zum Hilfskreuzer wurde beschleunigt, und dann kam von unserer Kommandobrücke das Kommando „Alle Leinen los!". „Berwick" kam an Geschwindigkeit nicht gegen uns auf, jedoch konnten wir das Gefecht nicht aufnehmen, weil die „Berwick" zu stark armiert war. Die aufregende Verfolgung dauerte den ganzen Tag. Endlich wurde auf dem Ausguck gemeldet, daß die „Berwick" außer Sicht sei.

Tag und Nacht wechseln in den Tropen überraschend; es war 6 Uhr 40 Min. Ein sternenloser Himmel, der Mond guckte nur zu einem kleinen Teil aus den Wolken hervor, und die „Karlsruhe" lag im Mondenschein. Plötzlich wurde an der Backbordseite in ungefähr zehn Seemeilen Entfernung ein Rauchschwaden gemeldet, und nach genauerer Beobachtung erkannten wir, daß es sich um einen englischen abgeblendeten Kreuzer handelte. Laut ertönte von der Kommandobrücke der Befehl „Klar Schiff zum Gefecht". Schon sind unsere Blaujacken auf Gefechtsstellung und jeder an seinem Posten. Da kommt auch schon der erste eiserne Gruß von dem Engländer. Die Distanz ist zu kurz bemessen; denn die englischen Granaten schlagen etwa 200 Meter vor uns ins Wasser ein und verursachen somit nur hohe Wassersäulen. So begann der Kampf, und Breitseite auf Breitseite wurde gefeuert. Zu unserer größten Freude sahen wir, daß der englische Kreuzer schwer beschädigt „achteraus sackte", d. h. er blieb zurück. Er war nicht in der Lage, seinen Helfershelfern ein Scheinwerfer- oder sonstiges Notsignal zu geben, woraus wir folgerten, daß seine elektrischen Maschinen zerstört waren. Wie sich später herausstellte, war es der kleine englische Kreuzer „Bristol", mit dem wir das Gefecht gehabt hatten. Wir erfuhren nachher, daß „Bristol" von zwei englischen Kreuzern schwer beschädigt in den Hafen von Kingston eingeschleppt wurde.

Am 9. August, morgens, liefen wir in Porto Rico ein, um unsere Kohlen- und Proviantvorräte zu ergänzen. Hier an dem Pier war ein lebhaftes Treiben, sobald in der Stadt bekannt wurde, daß ein deutsches Kriegsschiff „Karlsruhe" im Hafen Anker geworfen habe. Eine Reuterdepesche hatte nämlich nach Amerika gemeldet, daß die „Karlsruhe" in dem Gefecht mit der „Bristol" schwer beschädigt worden sei. Die Einwohner der Hafenstadt, welche sich von den Eingeborenen um den Kreuzer rudern ließen, um die von den englischen Granaten gerissenen Löcher im Schiffsrumpf der „Karlsruhe" zu besichtigen, waren sehr erstaunt, solche nicht zu finden. Wir hatten Mühe, den Leuten klarzumachen, daß die Engländer, welche mit ihren Geschützen nichts erreichen konnten, durch ihre Schwindeltelegramme den Eindruck ihrer Unwiderstehlichkeit zur See erwecken wollten. Wie die weiteren englischen Telegramme nunmehr aufgefaßt werden, bedarf wohl keines Kommentars. Den Hafen von Porto Rico verließen wir des Abends mit abgeblendeten Lichtern, da vor dem Hafen zwei englische Panzerkreuzer auf der Lauer lagen, und nur der großen Geschicklichkeit unseres Kapitäns und unserer Offiziere ist es zu danken, daß wir den Hafen unbehelligt verlassen konnten.

Am 18. August hatten wir das Glück, den englischen Handelsdampfer „Bowes Castle", welcher Salpeter und Eisenerze geladen hatte, zu nehmen und zu versenken. Somit wurde das erste feindliche Handelsschiff im Atlantik von S. M. S. „Karlsruhe" erbeutet.

Bei der Wegnahme feindlicher Handelsschiffe spielt die Funkentelegraphie eine sehr große Rolle. Sie leistete uns sehr wertvolle Hilfe. Wurde ein Handelsschiff gesichtet, so war es bald eingeholt und durch Flaggensignale oder Funkenspruch aufgefordert, die Maschinen zu stoppen. Nachdem die Maschinen abgestoppt waren, ging ein Kutter mit der Prisenbesatzung von Bord, um den Warenbestand auf dem Handelsschiff aufzunehmen, sich über Ziel und Abgangspunkt zu orientieren usw. War es ein feindliches Handelsschiff, so wurde die Besatzung von einem deutschen Begleitschiff übernommen, Kohlen und Proviant wurden, soweit benötigt, ebenfalls von den Begleitdampfern

Der Kreuzerkrieg im Atlantischen Ozean.

übernommen, und dann wurde das Schiff durch Öffnen der Seeventile und durch Dynamitsprengungen der Außenborde versenkt. Trotzdem die englischen Kriegsschiffe manchmal auf demselben Breitengrad mit uns waren, konnten sie doch eine Kaperung nie verhindern, da keines von ihnen es mit der Schnelligkeit der „Karlsruhe" aufnehmen konnte. Folgende Aufstellung möge zeigen, wie gewissenhaft die Besatzung von S. M. S. „Karlsruhe" ihren schweren Dienst im Atlantik versieht. Es wurden bisher von feindlichen Handelsschiffen versenkt:

Name des Schiffes	Ladung in Tonnen	Tag der Wegnahme	Art der Ladung
„Bowes Castle"	—	18. 8. 14	Salpeter u. Eisenerze
„Mable Branch"	6 500	31. 8. 14	Ausstellungsvieh
„Strathroy"	7 000	1. 9. 14	Kohlen
„Highland Hope"	5 500	14. 9. 14	Stückgüter
„Indrany"	7 000	17. 9. 14	Kohlen
Holländischer Dampfer	5 000	21. 9. 14	Kriegskonterbande
„Cornish City"	4 000	21. 9. 14	Kohlen
„Rio Jcuassu"	4 000	22. 9. 14	Kohlen
„Niceto de Larinage"	10 000	5. 10. 14	Viehfutter
„Farn"	6 000	6. 10. 14	Kohlen
„Lyngrovan"	5 000	7. 10. 14	Zucker und Mais
„Cervantes"	5 300	8. 10. 14	Hafer
„Pruth"	4 000	9. 10. 14	Salpeter
„Condor"	5 500	11. 10. 14	Stückgut, Dynamit
„Glandton"	4 000	18. 10. 14	Kohlen
„Vorsdale"	4 600	23. 10. 14	Mais
„Van Dyck", Passagierdampfer	14 300	26. 10. 14	Fleisch und Mehl in Menge, etwa 200 Passagiere.

Solche wie die vorstehend geschilderten Kämpfe und Ausweichmanöver haben sich des öfteren wiederholt und dann natürlich die „Karlsruhe" gehindert, auf die Jagd nach Kauffahrteischiffen zu gehen, sie auch gezwungen, besonders vorsichtig zu sein in der Auswahl ihrer Zufluchtsplätze, wo sie Kohlen und andere Vorräte ergänzen und ihre Maschinen und Kessel überholen konnte. Trotz redlicher Mühe war es den englischen Kreuzern bisher unmöglich, die „Karlsruhe" einzufangen; sie war ihnen zu schlau. Wie sie ihre Gegner foppte, wurde in einer New Yorker Zeitung erzählt:

Eine amüsante Geschichte, wie die britischen Kreuzer „Essex" und „Suffolk" dem deutschen Kreuzer „Karlsruhe" eine Falle gestellt haben, in die er aber nicht ging, wurde von dem heute hier eingetroffenen Dampfer „Sousa" der United Fruit-Line mitgebracht. Während die „Sousa", die immer noch unter britischer Flagge segelt, im Hafen von Antonio (Jamaika) zur Abfahrt nach New York bereit lag, erhielt sie durch Funkspruch den Auftrag, sie solle als Köder dienen, um die „Karlsruhe" innerhalb Schußweite der britischen Kriegsschiffe zu locken.

Der „Sousa" wurde ein ganz genauer Kurs für ihre Fahrt nach New York vorgeschrieben, so daß die „Essex" und „Suffolk" ihr außer Sehweite folgen konnten, um sich dann auf die „Karlsruhe" zu stürzen, sobald diese, von der Prise angelockt, auftauchen würde. Wer aber auf dem ganzen Wege nach New York nicht auftauchte, war der deutsche Kreuzer. Als die „Sousa" das Scotland-Leuchtschiff erreichte, drehten die britischen Kreuzer um.

Über die Reise und Wegnahme des holländischen Dampfers „Maria" brachte die „Nationalzeitung" aus Rotterdam folgenden interessanten Bericht:

In England ist Kapitän Jonker, Offizier des holländischen Schiffes „Maria", das einer Rotterdamer Reederei gehört eingetroffen. Der Dampfer war für englische Rechnung vermietet und nach Belfast mit Getreide unterwegs. Der Kapitän erzählte seine Erlebnisse dem Londoner Vertreter des Allgemenen Handelsbladet: Nachdem der Dampfer seit Juni die halbe Welt umfahren hatte, wurde er schließlich in Kortland in Oregon mit Weizen beladen. Infolge eines Brandes im Hafen befand sich auch sein Schiff, das mehr als 5000 Tonnen Weizen geladen hatte, in Gefahr. Am 20. Juni dampfte es nach Coronel in Chile ab, um die Kap Verdischen Inseln zu erreichen. Bis dahin war Kapitän Jonker nur erster Steuermann gewesen. Am 10. und 11. August auf der Fahrt nach Coronel verschwand auf unbekannte Weise der Kapitän von Bord, und Jonker mußte die Führung des Schiffes übernehmen. Am 1. September verließ das Schiff Punta Arenas und gelangte in den südlichen Teil des Atlantischen Ozeans. Am 18. September befand es sich auf der Höhe von Pernambuco. Gegen zwei Uhr mittags wurde es durch einen englischen Kreuzer angehalten. Nachdem der englische Seeoffizier alles an Bord in Ordnung gefunden hatte, riet er dem Kapitän Jonker auf der Hut vor deutschen Schiffen zu sein. Er sagte jedoch nicht, wo solche sich befinden könnten.

Am 21. September tauchte ein anderer Kreuzer auf, dem mehrere Schiffe folgten. Es war der deutsche Kreuzer „Karlsruhe". Die „Maria" wurde angehalten. Als die deutschen Offiziere aus den Schiffspapieren ersehen hatten, daß die „Maria" Weizenladung für England an Bord hatte, erhielten der Kapitän und die Bemannung Befehl, das Schiff mit ihren eigenen Sachen zu verlassen. Sie gingen auf den Dampfer „Crefeld" über, eines der Schiffe, die dem Kreuzer folgten, und wo sich die Bemannung verschiedener,

Der Kreuzerkrieg im Atlantischen Ozean. 61

in den Grund gebohrter Schiffe befand. Nachdem die „Karlsruhe" die „Maria" versenkt hatte, machte sie Jagd nach einem englischen Schiffe. Kapitän Zonker sah die „Maria" allmählich versinken. An Bord der „Crefeld" fand er die Bemannung von fünf englischen Schiffen, denen die „Karlsruhe" den Untergang bereitet hatte. Es waren ungefähr 120 Mann. Die Behandlung an Bord war gut. Die Engländer mußten sich verpflichten, nicht gegen die Deutschen und Österreicher zu kämpfen.

Der Aufenthalt an Bord dauerte 32 Tage, während dieser Zeit war die „Karlsruhe" eifrig tätig, und Zonker sah manches Schiff sinken. Von allen diesen Schiffen versorgte sich die „Karlsruhe" mit Lebensmitteln. Da eines der Schiffe gute englische Kohle an Bord hatte, wurde es nicht zum Sinken gebracht, sondern als Kohlenschiff für die „Karlsruhe" mitgenommen, ebenso erging es einem andern Schiff. Die Bemannung der versenkten „Cowise Castle" wurde auf einen deutschen Segler gebracht, die der übrigen Schiffe ging an Bord der „Crefeld" oder auf die Hamburger Dampfer „Rio Negro" und „Asuncion", die ebenfalls als Quartierschiffe dienten. Von dem einen der vernichteten Schiffe kamen auch einige Damen an Bord. Als am 22. Oktober die „Crefeld" auf der Reede von Santa Cruz in Teneriffa ankam, hatte sie 439 Personen an Bord. Von diesem Platz wurden die Holländer auf mehreren Schiffen zurückgebracht.

Mit fortschreitender Jahreszeit wurde die Jagd auf die englischen Handelsschiffe im Atlantischen Ozean durch das fast andauernde Sturmwetter sehr erschwert. In gleicher Weise wie die „Karlsruhe" betätigten sich der Kleine Kreuzer „Dresden" und der Hilfskreuzer „Kronprinz Wilhelm" mit Glück, Eifer und Geschick, so daß weder die Zahl noch die List der verbündeten Feinde ihnen gefährlich werden konnte. Gleich nach Kriegsausbruch jagte die „Dresden" den größten und schnellsten englischen Passagierdampfer „Mauretania" der Cunard-Linie, bis er sich in den Hafen von Halifax flüchtete. Am 4. September brachte sie den englischen Dampfer „Holmwood", der 7000 Tons Kohlen geladen hatte, an der brasilianischen Küste auf, nachdem sie den ihr auflauernden sechs englischen Kreuzern — der an der südamerikanischen Küste stationierte Kreuzer „Glasgow" beteiligte sich auch — durchgegangen war.

Die Allgegenwart unserer Kreuzer zwang die englische Regierung, Dampfer mit wertvoller Ladung während der ganzen Reise von Kriegsschiffen geleiten zu lassen. Das geschah mit dem Dampfer „Andes", der mit 800 französischen Reservisten und mit Gold- und Silberbarren beladen durch die Kreuzer „Good Hope" und „Monmouth" von Rio de Janeiro bis Lissabon begleitet wurde, wo andere Kriegsschiffe das weitere Geleit übernahmen. Die Verhältnisse brachten es leider mit sich, daß wir von ihnen nur gelegentlich und indirekt hörten, wenn die von unsern Kreuzern gesammelten Gefangenen an Land gesetzt wurden. Vom Hilfskreuzer „Kronprinz Wilhelm" erfuhren wir, daß er die Mannschaft von vier englischen und französischen Schiffen in Las Palmas hatte an Land bringen lassen. Die Schiffe wurden natürlich versenkt, nachdem von ihrer Ladung der brauchbare Teil entnommen worden war.

Der Hilfskreuzer „Kaiser Wilhelm der Große".
(Mit einer Skizze.)

Anfang August verließ „Kaiser Wilhelm der Große" Bremerhaven und steuerte an den Shetlands-Inseln vorbei nach Island, wo er am 7. August den Grimsbyer Fischdampfer „Tubalka Cain" aufbrachte und dessen Besatzung gefangen nahm. Dann wandte er sich südwärts und beschlagnahmte bei den Kanarischen Inseln am 15. August den von Kapstadt kommenden englischen Dampfer „Galician". Nachdem zwei englische Offiziere gefangen genommen worden waren, wurde der Dampfer freigegeben, weil zahlreiche Frauen und Kinder an Bord waren, denen die Härten der Gefangenschaft nicht auferlegt werden sollten. Tags darauf wurde der Dampfer „Kaipara" der New Zealand-Company angehalten, der eine beträchtliche Ladung Gefrierfleisch von Montevideo an Bord hatte. Die Besatzung von 60 Köpfen wurde gefangen genommen und das Schiff versenkt. Am Abend desselben Tages fiel ihm der Dempster Dampfer „Nyanga", der von Sierra Leone kam, in die Hände; ihm wurde dasselbe Schicksal bereitet. Danach ging der „Kaiser Wilhelm der Große" nach Rio del Oro an der afrikanischen Küste, um Kohlen einzunehmen.

Rio del Oro ist eine spanische Besitzung mit etwa 130 000 Einwohnern und bildet ein Untergouvernement des Generalkapitanats der Kanarischen Inseln.

Der Hilfskreuzer „Kaiser Wilhelm der Große".   63

Während der Kohlenübernahme wurde dort „Kaiser Wilhelm der Große" von dem englischen Kreuzer „Highflyer", unter Verletzung des Völkerrechts und der spanischen Hoheitsrechte am 26. August angegriffen. Nachdem der deutsche Hilfskreuzer seine gesamte Munition verschossen hatte, ließ der Kommandant die Besatzung an Land gehen und das Schiff versenken.

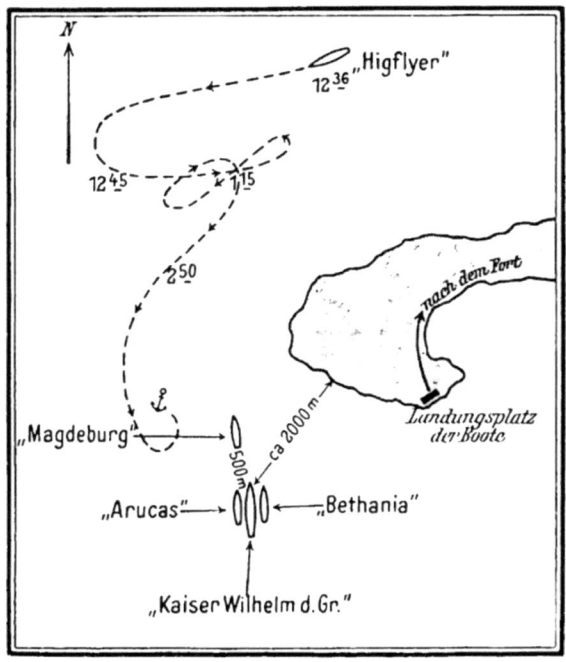

Gefecht bei Rio del Oro am 26. August 1914.

Ein Augenzeuge berichtet über dieses Vorkommnis, das ein Beispiel dafür ist, wie leichtfertig englische Seeoffiziere über das Seekriegsrecht sich hinwegsetzen, folgendermaßen:

Am 26. August lag der Hilfskreuzer „Kaiser Wilhelm der Große" in dem spanischen Hafen Rio del Oro, mit zwei Kohlendampfern längsseit, während ein dritter deutscher Dampfer etwa 500 Meter weiter seewärts ankerte. Die gesamte Besatzung war seit Tagen bei der Kohlenübernahme beschäftigt. Die Bunker waren noch nicht zur Hälfte aufgefüllt, als gegen Mittag ein Schiff in Sicht kam, das sich als der englische geschützte Kreuzer

"Highflyer" herausstellte. Es fand dann folgender Signalverkehr durch Scheinwerfer zwischen beiden Schiffen statt:

Englisches Kriegsschiff: „Highflyer. Surrender." („Ergeben Sie sich.")

„Kaiser Wilhelm der Große": Keine Antwort.

„Highflyer": „I call you to surrender. („Ich fordere Sie auf, sich zu ergeben.")

„Kaiser Wilhelm der Große": „Deutsche Kriegsschiffe ergeben sich nicht. Ich ersuche Sie, die spanische Neutralität zu achten."

„Highflyer": „You coal the second time in this port. I call you to surrender. If not, I will fire on you at once." („Sie kohlen zum zweiten Male in diesem Hafen. Ich fordere Sie auf, sich zu ergeben. Wenn nicht, werde ich sofort auf Sie feuern.")

„Kaiser Wilhelm der Große": „Ich kohle hier zum ersten Male. Im übrigen ist das eine spanische Angelegenheit."

„Highflyer": „Surrender at once." („Ergeben Sie sich sofort!")

„Kaiser Wilhelm der Große": „Ich habe Ihnen nichts mehr zu sagen."

Hierauf eröffnete um 1 Uhr 16 Min. „Highflyer" das Feuer, das vom „Kaiser Wilhelm der Große" sofort erwidert wurde. Der Kampf wurde von letzterem geführt, während das Schiff etwa 2000 Meter von der Küste vor Anker lag, sich also innerhalb der spanischen Hoheitsgewässer befand. Um unnötige Menschenverluste zu vermeiden, ließ der Kommandant des Hilfskreuzers das nicht auf den Gefechtsstationen gebrauchte Personal auf die beiden längsseit liegenden Kohlendampfer übersteigen, ebenso die an Bord befindlichen englischen Besatzungen der früher aufgebrachten englischen Schiffe, im ganzen 114 Offiziere und Mannschaften. Sobald die Dampfer vom Hilfskreuzer frei waren, zogen sie sich nach Süden zurück. Inzwischen hatte „Highflyer" das Feuer auf beträchtliche Entfernung (etwa 9000 Meter) eröffnet. Er zog sich unter gleichmäßiger Annäherung von der Steuerbord- auf die Backbordseite des Hilfskreuzers hinüber, entfernte sich jedoch wieder, als er eine Anzahl von Treffern erhalten hatte.

Nach etwa $1^{1}/_{2}$ stündigem Gefecht kam das Feuer des „Kaiser Wilhelm des Großen" aus Mangel an Munition ins Stocken. Gleich bei Beginn des Gefechts hatten nämlich zwei Schüsse den vorderen Laderaum getroffen, in dem die Hälfte der Munition verstaut war, so daß dieser voll Wasser lief und die Munitionsförderung vorn unmöglich wurde. Die Munitionsbeförderung von achtern nach vorn erforderte viel Zeit und verursachte dadurch eine Verlangsamung des Feuerns. Als daher die Munition der achteren Geschütze verbraucht war, befahl der Kommandant, das Schiff, um es nicht in feindliche Hände fallen zu lassen, zu versenken. Dies geschah durch 12 Sprengpatronen, die schon vorher angebracht waren, sowie durch Öffnen der Lenzschieber. Der deutsche Hilfskreuzer hatte im ganzen 10 Treffer erhalten, die das Schiff jedoch nicht zum Sinken gebracht hätten. Beim Verstummen der Geschütze stellte auch „Highflyer" sein Feuer ein und näherte sich langsam bis auf 5600 Meter. Als er jetzt aus dem einzigen deutschen Geschütz, das über Munition noch verfügte, einer Revolverkanone, beschossen wurde, begann auch der Engländer wieder das Feuer, um es abzubrechen, nachdem auch das Revolvergeschütz nach Verbrauch aller Munition hatte verstummen müssen. Der Munitionsverbrauch des englischen Schiffes wird vom deutschen Kommandanten auf 400 bis 600 Schuß geschätzt. Die Trefferergebnisse mit etwa 2 Prozent gegen ein so großes und hohes Schiff, das noch dazu still vor Anker lag, waren also herzlich schlecht.

Als „Kaiser Wilhelm der Große" anfing, sich infolge des eindringenden Wassers überzulegen, begab sich die Besatzung in die Boote. Der Kommandant verließ als letzter das Schiff, als dieses schon mit der Seite auf dem Grunde auflag und die Masten mit den an den Toppen gehißten Kriegsflaggen unter Wasser verschwunden waren. Drei Hurras aus den Booten brachten dem sinkenden Schiff den letzten Gruß, und das „Deutschland, Deutschland über alles" erscholl ihm als Abschiedslied.

In drei Rettungsbooten landete der Teil der Besatzung, der an dem Gefecht teilgenommen hatte, außer dem Kommandanten 7 Offiziere, 2 Vizesteuerleute, 72 Unteroffiziere und Mannschaften an der spanischen Küste von Rio del Oro. Unter Mitnahme von zwei, auf schnell hergestellten Tragbahren mitgeführten Verwundeten gelangten sie nach zweieinviertelstündigem Marsche zum spanischen Fort.

Der englische Kreuzer hatte sich inzwischen dem Lande auf 3000 bis 4000 Meter genähert und zwei Boote ausgesetzt, welche den deutschen Booten folgten, jedoch erst landeten, als die deutsche Besatzung bereits den Marsch nach dem Fort angetreten hatte. Die englischen Boote kehrten dann auf Signal an Bord ihres Schiffes zurück.

In dem spanischen Fort wurden die deutschen Seeleute von dem Fortkommandanten auf das beste aufgenommen. Sie befinden sich jetzt in Las Palmas auf den Kanarischen Inseln. Der Kommandant des „Kaiser Wilhelm der Große" rühmt das ausgezeichnete Verhalten der Offiziere und Mannschaften während des Gefechts.

Nach englischen Berichten war der Kreuzer „Highflyer" nur wenig beschädigt, hatte aber einen Toten und acht Verwundete, während der deutsche Verlust sich auf nur zwei Verwundete belief.

Gefecht zwischen dem deutschen Hilfskreuzer „Cap Trafalgar" und dem englischen Hilfskreuzer „Carmania" am 14. September 1914.

Der der Hamburg-Südamerikanischen Dampfschiffahrtsgesellschaft gehörige Dampfer „Cap Trafalgar" verließ am 22. August den Hafen von Montevideo und gelangte glücklich durch die vor der La Plata-Mündung auf ihn lauernden englischen Kreuzer in die offene See. Außerhalb der territorialen Hoheitsgewässer traf er an verabredeter Stelle mit dem Kanonenboot „Eber" zusammen, das bis zum Kriegsausbruch an der westafrikanischen Küste stationiert gewesen war. Die aus 130 Mann bestehende Besatzung des „Eber" ging an Bord des „Cap Trafalgar" und armierte dieses Schiff mit den zwei 10,5 cm-Kanonen und acht Maschinengewehren des Kanonenbootes. Korvettenkapitän Wirth übernahm den Befehl über den nun fertigen Hilfskreuzer und kreuzte auf den vom La Plata ausgehenden Handelsstraßen.

In der Nähe der einsam gelegenen Insel Trinidad war man mit Kohlenübernahme aus zwei dort eingetroffenen deutschen Kohlendampfern beschäftigt, als am 14. September mittags in nördlicher Richtung ein großer Dampfer gesichtet wurde, der mit hoher Schnelligkeit und offenbar in keiner freundlichen Absicht sich näherte. Maschinen und Kessel wurden sofort für höchste Leistung instandgesetzt und das Schiff gefechtsklar gemacht. Eine der 10,5 cm-Kanonen war vorn an der Backbordseite, die andere an der Steuerbordseite hinten aufgestellt. So erwartete „Cap Trafalgar" das Herankommen des Gegners, dessen Flagge noch nicht hatte erkannt werden können.

Um 12 Uhr 30 Minuten eröffnete der Engländer — es war die „Carmania" — auf 8500 m Entfernung das Feuer, das lebhaft erwidert wurde. Beide Gegner waren bemüht, so zu steuern, daß sie ihre Geschütze möglichst zur Wirkung brachten, ohne ihre leicht verletzlichen Breitseiten zu sehr zu gefährden. Auf beiden Seiten wurde gut geschossen, denn nach $1^1/_2$ stündigem Gefecht hatten die beiden großen Dampfer schwere Beschädigungen erlitten. Auf der „Carmania" war die Kommandobrücke weggeschossen, auch war Feuer an verschiedenen Stellen ausgebrochen. Leider hatte „Cap Trafalgar" gleich zu Beginn des Gefechts mehrere Treffer in der Wasserlinie bekommen; durch die etwa $1/_2$ m großen Schußlöcher drang viel Wasser in die Steuerbordkohlenbunker und von dort in die Kessel- und Maschinenräume. „Cap Trafalgar" bekam bald eine so starke Schlagseite, daß ein Bedienen der Geschütze unmöglich wurde.

Korvettenkapitän Wirth ließ nun Vorbereitungen treffen für die Rettung der Mannschaften und die Vernichtung des Dampfers, der nicht in Feindeshand fallen sollte. Die nicht zerschossenen Boote wurden zu Wasser gelassen. Die Mannschaften legten Schwimmwesten an und ließen sich von dem immer stärker sich überneigenden Dampfer ins Wasser gleiten, wo sie von den Booten aufgefischt wurden. Kaum war dies geschehen, so taten die am Schiffsboden angebrachten und mit Zeitzündern versehenen Sprengpatronen ihre Wirkung. Das schöne Schiff, mit dem erst kürzlich Prinz Heinrich von Preußen eine Reise zum Besuch der südamerikanischen Länder gemacht hatte, legte sich vollends auf die Seite und versank um 1 Uhr 55 Minuten mit wehender Flagge in den Fluten. Der Kommandant und zwei Seeoffiziere, die das Schiff nicht verlassen hatten, sowie zehn weitere Schiffsoffiziere und Mannschaften fanden den Seemannstod. Im Gefecht waren getötet worden 1 Offizier und 1 Mann; außerdem waren noch 5 Mann verwundet worden, welche sämtlich gerettet wurden, obschon der Engländer sich nicht geschämt hatte, auf die völlig Wehrlosen im Wasser noch zu feuern, aus Ärger, daß sie nicht die Flagge gestrichen hatten. Der Kommandant der „Carmania" war der Kapitän der Königlichen Großbritannischen Marine Noel Grant.

Der Dampfer „Eleonore Woermann", aus welchem der „Cap Trafalgar" seine Kohlen hatte ergänzen wollen, war scheinbar durch Funkspruch von der schwierigen Lage und dem wahrscheinlichen Ausgang des Gefechtes unterrichtet und konnte, sobald die immer noch brennende „Carmania" das Weite gesucht hatte, herankommen und die Überlebenden aufnehmen. Nach zehntägiger Fahrt, immer in Gefahr, von den Südatlantischen Ozean absuchenden englischen Kreuzern gefaßt zu werden, gelang es dem Führer des Schiffes, Kapitän Callmorgen, in der dunklen Nacht vom 23. zum 24. September durch die vor dem La Plata kreuzenden Engländer glücklich nach Buenos Aires durchzubrechen, wo die gerettete Besatzung der „Cap Trafalgar" erst freundlich begrüßt und dann nach Völkerrecht interniert wurde. Diese

Fahrt der „Eleonore Woermann" ist um so bemerkenswerter, als das Schiff nur 12 Seemeilen Geschwindigkeit besitzt.

Wie wacker und erfolgreich die deutsche Besatzung gekämpft hatte, geht aus dem Bericht eines Augenzeugen auf der „Carmania", datiert vom 29. September, nach Ankunft in Gibraltar hervor. Dabei ist noch zu bemerken, daß die „Carmania" erheblich größer als „Cap Trafalgar" war und auf dessen beide 10,5 cm-Kanonen mit acht 15,2 cm-Geschützen antworten konnte. Der Bericht lautet:

Wir verließen Liverpool am 15. August und steuerten nach dem Passieren der Britischen Insel westlich.

Einige Tage später, als wir Land voraus gesichtet hatten und gerade beim Mittagessen waren, wurde „Klarschiff" geblasen. Da dies regelmäßig geschah, wenn irgendein Schiff gesichtet wurde, so hielten wir es für eine überflüssige Störung. Wir gingen also an die Geschütze und begannen nach dem Schiff auszuschauen. Gerade voraus erblickten wir einen großen Dampfer ähnlich wie der unserige, aber besser aussehend. Er hatte an jeder Seite ein Kohlenschiff und war mit dem Übernehmen der Kohlen beschäftigt. Als er uns bemerkte, entfernten sich die Kohlendampfer nach verschiedenen Richtungen; er selbst schien sich auf die Flucht zu begeben. Nachdem er jedoch genügend frei von den Kohlendampfern war, drehte er gegen uns auf und erwartete uns mit der Breitseite.

Unser Kapitän ließ zur Warnung eine Kanone abfeuern. Hierauf antwortete der Dampfer zu unserer Überraschung mit seiner ganzen Breitseite. Und nun begann das Gefecht; die nächste Lage ging dicht über uns weg, während unsere Schüsse gut in den Rumpf des Gegners einschlugen. Aber bald trafen auch die feindlichen Schüsse. In der ersten Viertelstunde feuerten 4 bis 5 Geschütze (?) gegen eins von uns, abgesehen von den Maschinenkanonen. Unser Kapitän manövrierte dann sehr geschickt, so daß er eine möglichst geringe Zielfläche mit seinem großen Schiff bot und doch entweder die vier vorderen oder vier hinteren Geschütze zum Feuern brachte. Nach etwa 25 Minuten brach auf dem feindlichen Schiff Feuer aus, das sich sehr schnell verbreitete und das ganze Schiff in Rauch einhüllte; trotzdem wurde das feindliche Feuer, wenn auch aus weniger Geschützen, wie es schien, unterhalten.

Um diese Zeit entschloß es sich, davonzulaufen. Das war aber nutzlos, da es schon in der ersten Viertelstunde eine Neigung nach Steuerbord hatte, die jetzt zunahm; es kam kaum von der Stelle. Die Neigung wurde immer stärker, während wir das Feuer ohne Gnade fortsetzten. Es war sichtbar, daß nur das hinterste Geschütz von Steuerbord noch feuerte, und schien jetzt so, als ob das Schiff ganz umfallen würde.

Unser Feuer hatte inzwischen aufgehört, und wir beobachteten den Gegner, als, wie eine letzte Anstrengung, von dem hintersten Geschütz

Gefecht zwischen „Cap Trafalgar" und „Carmania".

noch ein Schuß abgegeben wurde; das Geschoß fiel jedoch nach 4—500 Yards von dem feindlichen Schiff ins Wasser. Dieses begann jetzt zu versinken, wir konnten die Schrauben erkennen. Als unser Kapitän sah, daß die Flagge nicht niedergeholt war, ließ er von der Backbordseite noch drei Schuß feuern. Inzwischen hatte das Schiff sich so weit übergeneigt, daß man in die Schornsteine hineinsehen konnte, welche parallel mit der Wasseroberfläche lagen. Dann gab es eine Explosion, der Bug des Dampfers tauchte ins Wasser und das Heck erhob sich in die Luft. Hierauf fand scheinbar noch eine zweite Explosion statt, wonach das Schiff ganz verschwand. Fünf mit Menschen gefüllte Boote blieben übrig, welche von einem der Kohlendampfer aufgenommen wurden.

Bevor wir in das Gefecht gingen, hatten die Deutschen ein Funkentelegramm ausgesandt, daß sie einen britischen Kreuzer angriffen, und kurz vor Beendigung des Gefechts war ein ebensolches Telegramm in deutscher Sprache bei uns aufgefangen worden. Wir hielten es deshalb für geraten, uns davon zu machen, da wir auch nicht ohne Schaden geblieben waren. Wir liefen mit aller Kraft den ganzen Tag und den nächsten Tag bis wir von einem unserer Kreuzer aufgenommen wurden, welcher uns bis hierher (Gibraltar) geleitete.

Wir werden hier 8 bis 10 Tage bleiben, denn die Deutschen hatten 73 direkte Treffer erzielt, die 380 Löcher gemacht hatten, so daß wir tüchtig zu flicken haben. Eigentlich hatten wir nur zwei wirklich ernste Schüsse in unserer Seite, die 675 Fuß lang und 60 Fuß hoch ist, so daß das Schießen der Deutschen also nur recht mäßig zu nennen war. Ich bin dankbar, daß es so war, denn an ihrer Stelle wären wir wahrscheinlich nicht davongekommen in den Booten, da kein einziges mehr heil war. Wir eröffneten das Feuer auf 9000 Yards und kamen bis auf 3200 Yards heran, auf 9600 Yards hörte das Feuer auf. Wir feuerten 470 Schuß. Das Gefecht dauerte ein und eine halbe Stunde im ganzen.

(The New York Herald, Paris.)

Nach anderen Nachrichten konnte die „Carmania" nur mit äußerster Mühe den heftigen Brand bewältigen, der die vordere Brücke und Aufbauten zerstörte. „Carmania" hatte neun Tote. Wegen des Verlustes aller Signalmittel und nautischen Instrumente war das Schiff ziemlich hilflos und befand sich wegen eindringenden Wassers bereits in Seenot, als zufällig die Kreuzer „Cornwall" und „Bristol" eintrafen und es nach Gibraltar geleiteten.

Über das Schicksal des Kanonenboots „Eber" gibt ein Artikel der brasilianischen „Germania" von Sao Paulo (Brasilien) Auskunft, wie folgt:

Die Besatzung ist auf der Ilha das Cabros in der Bai von Rio interniert, und zwar nicht die ganze, sondern nur 6 Offiziere (darunter die Ingenieure), 2 Unteroffiziere, 11 Heizer und 1 Steward. Die brasilianischen Behörden lassen ihnen eine vorzügliche Behandlung angedeihen; z. B. haben sie jedem Offizier einen Soldaten als „Burschen" beigegeben. Die Offiziere genießen volle Freiheit und dürfen auch in die Stadt fahren. Für die Mannschaften haben sie das Ehrenwort gegeben, daß diese keinen Fluchtversuch machen würden. — Das Kanonenboot „Eber", das einen Gehalt von 1000 Tonnen hat, lag, als der Krieg ausbrach, in Lüderitzbucht. Sofort nach der Kriegserklärung machte es klar zum Auslaufen und stach, begleitet von einigen Handelsschiffen — diese enthielten Kohlen, Proviant usw., da der „Eber" selbstverständlich für eine solche lange Reise wegen Platzmangels nicht genügend an Bord nehmen konnte — in See. Jetzt begann die Kreuzfahrt auf dem Ozean, die wilde Jagd hinter den englischen Handelsfahrzeugen. Die Begleitschiffe konnten bald zurückgeschickt werden, denn es gab auf dem Ozean so viel Kohlen und Lebensmittel, die den Vorteil hatten, nichts zu kosten, daß man schließlich gar nicht mehr wußte, wohin damit.

Welche Arbeit der „Eber" da geleistet hat, kann selbstverständlich hier nicht mitgeteilt werden, nach dem Kriege wird man erfahren, daß der „Eber" ebenso brav den Ozean säuberte wie der Kreuzer „Emden", der „Dewet des Meeres", und die „Karlsruhe". Jedenfalls mußten schon zu Anfang drei Engländer daran glauben. Nachdem man etwa vier Wochen lang gekreuzt, traf man eines Tages infolge funkentelegraphischer Übereinkunft bei Trinidad den deutschen Hilfskreuzer „Cap Trafalgar" und lud die ganzen Geschütz- und Munitionsvorräte des „Eber" auf den „Cap Trafalgar" über. Der „Eber" trennte sich dann von dem Prachtdampfer; dieser ging darauf, wie bekannt, einige Tage nachher schon im Gefecht mit dem englischen Hilfskreuzer „Carmania" zugrunde. Nun hieß es für den seiner Geschütze beraubten, also vollständig wehrlosen „Eber" so schnell wie möglich den nächsten Hafen aufzusuchen. Das Kanonenboot, das im normalen Zustand 130 Mann Besatzung hat, zählte nur mehr 30 Mann. Vier Tage lang kreuzte dann der „Eber" „unter der Handelsflagge", bis es ihm gelang, in den Hafen von Bahia einzulaufen. Es ist nur der ausgezeichneten Führung durch den Kommandanten zu verdanken, wenn das Schiff seinen Bestimmungsort erreichte. Man sichtete verschiedene englische Kriegsschiffe, die sich zum Teil sehr angriffslustig zeigten. Auch über diese Fahrt wird der Kommandant erst später Aufschluß geben.

Der Kreuzerkrieg im Indischen Ozean.
S. M. S. „Königsberg".

Der Kleine Kreuzer „Königsberg", der auf der ostafrikanischen Station erst seit kurzer Zeit sich befand, begann seinen Krieg gegen den englischen Handel im Golf von Aden, wo er am 6. August bei der Insel Sokotra den Dampfer „City of Westminster" versenkte, nachdem er die Besatzung einem deutschen Dampfer übergeben hatte, der nach Sumatra unterwegs war. Dieser Kleine Kreuzer war in besonders schwieriger Lage hinsichtlich der Kohlenversorgung. Er mußte stets darauf bedacht sein, sich feindlicher Kohlendampfer zu bemächtigen, die durch den Suezkanal kamen, und sie an einem sicheren Schlupfwinkel zu bergen, wo sie dem Blick und der Wiedernahme feindlicher Kreuzer entzogen waren. Seine Tätigkeit erstreckte sich auch auf die Störung des Verkehrs der Häfen von Britisch-Ostafrika.

Inzwischen waren mehrere englische Kreuzer, darunter „Pegasus", von Kapstadt an der ostafrikanischen Küste entlang dampfend, nach Daressalam gekommen, hatten dort das Vermessungsfahrzeug „Möwe", das abgerüstet im Hafen lag, und den Funkenturm zerstört, Handelsschiffe beschlagnahmt und am 24. August Bagamojo, ohne erheblichen Schaden anzurichten, bombardiert. Ihr Hauptziel war natürlich, die „Königsberg" abzufangen, deren Operationsbasis, die deutschen Küstenplätze, sie zunächst zerstört hatten, oder zerstört zu haben meinten. „Königsberg" wußte sich geschickt den Häschern zu entziehen und sich überraschend auf den Kreuzer „Pegasus" zu werfen, der in Sansibar zur Maschinenreinigung zurückgeblieben war. Am 20. September, 5 Uhr morgens, eröffnete „Königsberg" auf 8000 Meter das Feuer auf den zu Anker liegenden „Pegasus". Als sie sich innerhalb 15 Minuten bis auf 6000 Meter genähert hatte, war das Feuer des „Pegasus" bereits zum Schweigen gebracht. Dann bekam das englische Schiff noch mehrere ernste Treffer in die Wasserlinie, die Maschinen- und Kesselräume, infolge deren es sich stark auf die Seite legte. Nach englischen Meldungen ist das Schiff völlig unbrauchbar. Von der englischen Besatzung, die sich von dem brennenden Schiff an Land rettete, waren 25 tot und 30 verwundet.

Gegen unseren Kleinen Kreuzer mit seinen zehn 10,5 cm Kanonen hatte die englische Admiralität, der die deutschen Kreuzer mehr Sorge machten, als sie sich gedacht hatte, die Kreuzer „Chatham" und „Weymouth" von 5500 Tons Wasserverdrängung und einer Armierung von acht 15,2 cm Kanonen, sowie das Linienschiff „Goliath", ein Schwesterschiff des „Canopus", von 13500 Tons, armiert mit vier 30,5 und zwölf 15,2 cm Kanonen, ausgeschickt. Der „Königsberg" gelang es, ihren Verfolgern noch manches Schnippchen zu schlagen, bevor sie am 30. Oktober hinter der südlich von Sansibar gelegenen Insel Mafia beim Kohlennehmen angetroffen und umstellt wurde. Die Insel Mafia liegt vor dem weit verzweigten flachen, mit Mangrovenbüschen bestandenen Delta des Flusses Rufidji. Der Kommandant führte sein Schiff, da kein anderer Ausweg war, über die Barre eines Flußarmes in das tiefe Wasser des Hauptstromes. Die Engländer vermochten nicht zu folgen, da sie größeren Tiefgang hatten. Nach englischen Meldungen scheint nun ein Versuch stattgefunden zu haben, den Kreuzer mit Hilfe von Landungstruppen und Bootsabteilungen, unterstützt durch das Artilleriefeuer der Schiffe, zu erobern; er ist aber ohne erhebliche Verluste für die drei englischen Schiffe fehlgeschlagen, vermutlich weil es der „Königsberg" leicht möglich war, den Angriffen dadurch sich zu entziehen, daß sie weiter flußaufwärts dampfte. Beiläufig bemerkt, beträgt die Besatzung der „Königsberg" 322 Mann, die Engländer haben zusammen 1510 Mann. Die Engländer sind nun gezwungen, die „Königsberg" zu bewachen, damit sie ihnen nicht wieder entwischt. Durch Versenken von einigen Kohlenschiffen allein ist da wenig zu machen, der Fluß hat etwa ein halbes Dutzend breite Flußmündungen. Die „Königsberg", wenn auch zur Zeit nicht verwendbar, blieb uns erhalten und fesselt mindestens zwei englische Kreuzer, die sonst anderswo verwertet werden könnten.

S. M. S. „Emden".
(Mit zwei Skizzen.)

Anfang August fing die „Emden" den russischen Passagierdampfer „Rjäsan", der sich auf der Fahrt von Nagasaki nach Wladiwostok befand, und brachte ihn nach Tsingtau, wo er in einen Kohlendampfer für das in der Südsee sich aufhaltende Kreuzergeschwader umgewandelt wurde.

Darauf verlegte die „Emden" das Feld ihrer Tätigkeit in die Bai von Bengalen und die angrenzenden Gewässer, mitten hinein in das eigenste englische Interessengebiet. Sie nahm ihren Kurs an Hongkong und Singapore vorbei durch die Straße von Malakka. Dort beschlagnahmte sie am 10. September und an den folgenden Tagen ein halbes Dutzend größere englische Dampfer, versenkte sie und entließ die gefangenen Besatzungen und Passagiere mit anderen Dampfern nach Kalkutta und Rangoon. Den gegen sie aufgebotenen englischen Kreuzern wußte die „Emden" stets erfolgreich auszuweichen; ihre überlegene Geschwindigkeit, vorzügliche Kenntnis der Verkehrsverhältnisse, schlaue Ausnutzung ihrer Funksprucheinrichtung und die hervorragenden Führereigenschaften ihres Kommandanten, der die höchsten Leistungen aus allen Personen der Besatzung zu holen verstand, machten alle Pläne der zahlreichen Feinde zu Schanden.

Am 22. September gegen Abend erschien die „Emden" vor Madras. Der erste Schuß traf einen Dampfer, der in der Richtung des Petroleumlagers der Burma Oil Company verankert lag, der zweite Schuß schlug in den Bungalow des Verwalters dieser Kompanie, der dritte und vierte Schuß durchbohrten je einen Öltank, dessen Inhalt in Flammen geriet. Als darauf die Forts das Feuer auf die „Emden" eröffneten, löschte sie ihre Lichter und war bald im Dunkel der Nacht entschwunden.

Als unmittelbare Folge des Auftretens der „Emden" kam der Seeverkehr zwischen Vorder- und Hinterindien völlig ins Stocken; weiterhin, als allen Beschwichtigungsversuchen des englischen Marineministers und der Gouverneure zum Trotz der „Schrecken Indiens" von den englischen Kriegsschiffen nicht gebannt werden konnte, blieb auch der Verkehr mit den ferneren Handelsgebieten aus. Große Sorge verbreitete sich in den Hafenstädten wegen der Schiffe, deren Eintreffen erwartet wurde oder die soeben abgefahren waren. Selbstverständlich ging die Versicherungsprämie stark in die Höhe oder die Kriegsversicherung wurde aufgehoben. Die wichtige Reisausfuhr kam zum Stillstand. Bedeutende Aufträge auf Jute aus Amerika wurden zurückgezogen usw.

In der Umgegend der Insel Ceylon hielt sich „Emden" dann etwa eine Woche auf, beschlagnahmte ein weiteres halbes Dutzend Schiffe, mußte aber bemerken, daß die englischen Reeder, gewarnt, entweder ihre Dampfer zurückhielten oder sie nach anderen Bestimmungshäfen leiteten. Von den beschlagnahmten Schiffen wurden nur die Kohlendampfer mitgeführt, die anderen versenkt. Nachdem die „Emden", um sich sehen zu lassen, vor Pondichery, südlich Madras, einmal tagsüber zu Anker gelegen hatte, verschwand sie aus der Bai von Bengalen und steuerte in die Arabische See, den vom Suezkanal nach Bombay und Colombo bestimmten Schiffen entgegen. Sie kaperte dort fünf Dampfer bis zum 20. Oktober; an diesem Tage dampfte sie aus dem Indischen Ozean ab, um den Nachstellungen der immer zahlreicher auftretenden Feinde zu entgehen, kühn entschlossen, sich ein neues Tätigkeitsfeld im Osten zu suchen. Am 27. Oktober versenkte sie in der Nähe von Borneo einen großen japanischen Dampfer. Bevor noch die Kunde von ihrer Anwesenheit sich in Hinterindien verbreiten konnte, erschien sie am 28. Oktober mit Morgengrauen vor dem Eingang zum Hafen von Penang. Was sich dort ereignete, schilderte die „Penang Gazette and Straits Chronicle" in einem Artikel, der beginnt: The incredible has happened (Das Unglaubliche hat sich ereignet).

Das Zwielicht vor Sonnenaufgang, die Schläfrigkeit der Wächter ließ vielleicht die „Emden" größer erscheinen als sonst, und ihr künstlicher vierter Schornstein unterstützte die Wirkung der Täuschung; die Wachtboote, unter ihnen der französische Zerstörer „Mousquet", gaben keinen Alarm, und als vermutete „Yarmouth" steuerte die „Emden" in ruhiger Fahrt nach dem Ankerplatz der Kriegsschiffe. Auf dem dort vor Anker liegenden russischen Kreuzer „Jemtschug" ahnte man nichts Böses und war noch beschäftigt, den Schlaf abzuschütteln, als die „Emden", auf 300 m das Feuer eröffnete. Breitseite folgte auf Breitseite aus allernächster Entfernung; die an die Geschütze und auf die Gefechtsstationen stürzende Besatzung erlitt schwere Verluste; die Wasserlinie des russischen Kreuzers wurde an verschiedenen Stellen durchschlagen, ein Torpedo hatte getroffen; das Schiff war bald in Qualm und Flammen eingehüllt und neigte sich stark auf die Seite. Zu einer wirkungsvollen Erwiderung des Angriffs seitens der Russen kam es nicht. Nach

dem Passieren des „Semtschug" wendete die „Emden", feuerte einige Schuß auf die Petroleumtanks am Lande und verließ auf demselben Wege, den sie gekommen, den Hafen, wo der russische Kreuzer 15 Minuten nach Beginn des Gefechts gesunken war. Die russische Besatzung hatte 1 Offizier und 88 Mann tot, 3 Offiziere und 120 verwundet; die Überlebenden wurden durch die in großer Zahl herbeieilenden Boote gerettet. Drei französische Torpedoboote, welche an der Werft lagen, blieben unversehrt; wahrscheinlich hatte die „Emden" sie nicht bemerkt.

Auf dem Rückweg nach der Straße von Malakka traf die „Emden" auf den vor dem Hafen kreuzenden französischen Zerstörer „Mousquet", welcher mit einigen Schüssen zum Sinken gebracht wurde.

Dieser Überfall der „Emden" erregte begreiflicherweise tiefe Bestürzung und großen Schrecken und vermehrte den lähmenden Einfluß, den ihre Tätigkeit bisher auf Handel und Wandel in Ostindien geübt hatte. Zwanzig wertvolle Handelsdampfer von etwa 93 000 Reg. Tons hatte sie vernichtet; der dem englischen Handel zugefügte meßbare Schaden wurde auf 40 Millionen Mark berechnet. Ungeheuer war der Verlust an Prestige, den die englische Flotte erlitten hatte, weil sie nicht imstande war, den „Schrecken Indiens" zu bewältigen.

Die „Morningpost" meldet aus Bombay vom 22. Oktober:

Die anglo-indische Presse verlangt Maßregeln zur Herstellung der Sicherheit der Schiffahrt nach Indien, deren gänzliche Hemmung durch die Tätigkeit der „Emden" die indische Volkswirtschaft schädige. Die indische Handelsstatistik für September weise gegen September 1913 einen ernsten Rückgang auf, wofür die „Emden" in höherem Maße verantwortlich sei als der bloße Kriegszustand. Allein der Import von Baumwollwaren aus Manchester sank im September um 2 Millionen Pfund Sterling. Kalkutta litt besonders unter dem Rückgang der Ausfuhr von Rohjute und Juteprodukten, der allein im September mehr als 3 Millionen Pfund Sterling betrug. Die Ausfuhr von Reis, Weizen, Häuten und Fellen sank um je eine halbe Million, die von Rohbaumwolle und Baumwollgarn um $1^1/_2$ Millionen, die von Sämereien um 900 000 Pfund Sterling. Gleiche Klagen kommen aus dem Innern. Der Touristenverkehr hat gänzlich aufgehört. Die „Times of India" deutet an, daß die Erfolge der „Emden" auf die Stimmung der Eingeborenen einwirken könnten.

Dem „Daily Telegraph" wird aus Kalkutta gemeldet:

Infolge der letzten Leistungen des deutschen Kreuzers „Emden" sind die amerikanischen Aufträge für den Jutemarkt am 21. Oktober zurückgezogen worden, man befürchtet, daß mit dem argentinischen Auftrage dasselbe geschehen wird.

Eine Übersicht über die Verluste, die der Kreuzer „Emden" der englischen Handelsmarine bisher zugefügt hat, wird von der „Times" unter der Überschrift „Die Opfer der »Emden«"

veröffentlicht. Danach hat die „Emden" (wobei in Klammern die Tonnenzahl der Schiffe angegeben ist) 15 englische Dampfer versenkt: „Benmohr" (4806), „Chilkana" (5150), „City of Winchester" (6800), „Clan Grant" (3948), „Clan Matheson" (4775), „Diplomat" (7615), „Indus" (3871), „Killin" (3544), „King Sud" (3650), „Lovat" (6102), „Pourabel" (473), „Riberia" (4147), „Trabboch" (4014), „Troilus" (7562), „Tymeric" (5314); ferner wurden zwei Kohlenschiffe gekapert, „Burest" (4350), „Exford" (4542); gekapert und freigegeben wurde „Karbina" (4657), gekapert und später von einem britischen Kriegsschiff aufgenommen wurde der Kohlendampfer „Pontogores" (4049), gekapert und mit Fahrgästen und Bemannung nach Cochin gebracht wurde der Dampfer „St. Egbert" (5596). Im ganzen haben also die 20 Opfer der „Emden" einen Gehalt von 92 955 Tonnen.

Am 9. November frühmorgens traf die „Emden" bei den südlich von Sumatra gelegenen Kokos-Inseln ein und landete eine 40 Mann starke Abteilung unter Leitung des ersten Offiziers, Kapitänleutnants v. Mücke, zur Zerstörung der dort befindlichen Funkenstation und des nach Australien und Madagaskar führenden Kabels. Zu ihrem Unglück war sie frühzeitig erkannt worden, und bevor die deutschen Boote an den Strand gelangten, ihre Ankunft durch Funkspruch allen in der Nähe befindlichen Funkspruchstationen gemeldet worden, so auch den englischen Kreuzern „Sydney" und „Melbourne", welche einen Truppentransport von Australien nach Colombo begleiteten. Die „Sydney" erhielt Befehl, beschleunigt nach den Kokos-Inseln vorauszudampfen. Um 9 Uhr wurde auf der „Emden" verdächtiger Rauch gesichtet und sofort klar zum Gefecht gemacht. Ein Sirenensignal rief die Landungsabteilung, welche die Instrumente der Stationen zwar zerstört hatte, aber noch mit dem Zerschneiden der Kabel beschäftigt war, an Bord zurück. Wie sehr sie auch die Rückkehr zu den Booten beeilte, der inzwischen erkannte Feind kam mit so hoher Geschwindigkeit heran, daß der Kommandant der „Emden" gezwungen war, sofort den Ankerplatz zu verlassen und das Gefecht zu eröffnen. Das geschah um 9 Uhr 40 Min.

vormittags. Anfangs verlief das Artilleriegefecht für die „Emden" sehr gut; sie hatte aber bald unter der überlegenen Geschwindigkeit des Gegners zu leiden, welcher sie überholte und zu Kursänderungen zwang, wenn sie ihre Geschütze in Feuertätigkeit behalten und nicht der Länge nach bestrichen werden wollte. Außerdem trat Munitionsmangel ein. Wie sich später herausstellte, hatte die „Sydney" 15 Treffer erhalten. Auf der „Emden" stürzten der Vormast und nacheinander alle drei Schornsteine zusammen, die Rudereinrichtungen wurden beschädigt, das Hinterschiff geriet in Brand. Unter diesen Umständen entschloß sich der Kommandant, das Schiff auf den Strand zu setzen. Sein telegraphisch erstatteter Bericht über das Gefecht lautet:

Der englische Kreuzer „Sydney" näherte sich den Kokos-Inseln mit hoher Fahrt, als dort gerade eine von S. M. S. „Emden" ausgeschiffte Landungsabteilung das Kabel zerstörte. Das Gefecht zwischen den beiden Kreuzern begann sofort. Unser Schießen war zuerst gut, aber binnen kurzem gewann das Feuer der schweren englischen Geschütze die Überlegenheit, wodurch schwere Verluste unter unseren Geschützbedienungen eintraten. Die Munition ging zu Ende, und die Geschütze mußten das Feuer einstellen. Obwohl die Ruderanlage durch das feindliche Feuer beschädigt war, wurde der Versuch gemacht, auf Torpedoschußweite an „Sydney" heranzukommen. Dieser Versuch mißglückte, da die Schornsteine zerstört waren und infolgedessen die Geschwindigkeit der „Emden" stark herabgesetzt war. Das Schiff wurde deshalb mit voller Fahrt an der Nord- (Luv-) Seite der Kokos-Inseln auf ein Riff gesetzt. Inzwischen war es der Landungsabteilung gelungen, auf einem Schoner von der Insel zu entkommen. Der englische Kreuzer nahm die Verfolgung auf, kehrte aber am Nachmittag wieder zurück und feuerte auf das Wrack der „Emden". Um weiteres unnützes Blutvergießen zu vermeiden, kapitulierte ich mit dem Rest der Besatzung. — Die Verluste S. M. S. „Emden" betragen: 6 Offiziere, 4 Deckoffiziere, 26 Unteroffiziere und 93 Mann gefallen; 1 Unteroffizier, 7 Mann schwer verwundet.

Nachdem die „Emden" gestrandet war, feuerte die „Sydney" noch mehrere Salven, welche die Maschinen total zerstörten. Dann setzte sie hinter einem nach Norden flüchtenden Kohlendampfer der „Emden" her. Als sie ihn erreichte, stellte sich heraus, daß die Besatzung die Bodenventile geöffnet hatte und der Dampfer schnell sank. Die Mannschaft wurde gefangen an Bord der „Sydney" gebracht, die dann um 4 Uhr nachmittags wieder bei der „Emden" eintraf. Da es schnell

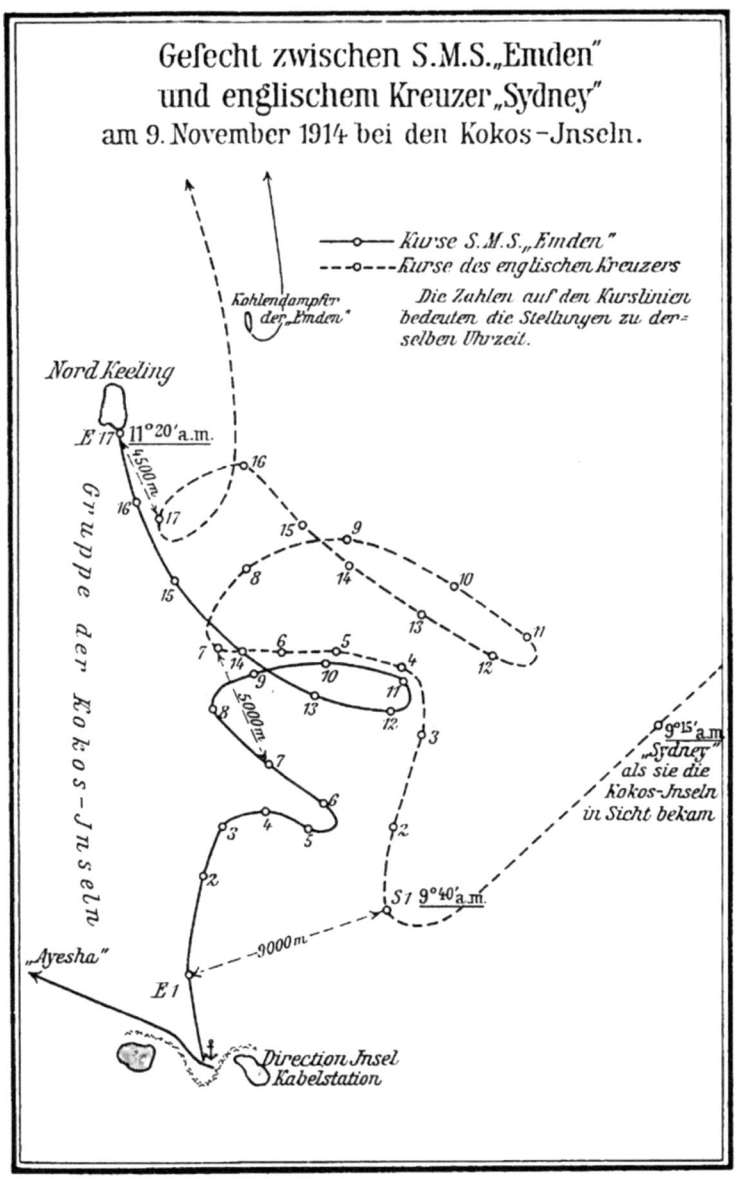

dunkel wurde und die Engländer glaubten, daß die „Königsberg" in der Nähe wäre, ging die „Sydney" für die Nacht wieder in See. Unterwegs rettete sie einen im Wasser schwimmenden Matrosen der „Emden", den vierten an diesem Tage, der mit noch mehreren anderen Kameraden durch die Explosion einer Granate vom Oberdeck in die See geschleudert worden war.

Als am nächsten Morgen früh die „Sydney" vor der Kabelstation ankam, erfuhr sie, daß die Landungsabteilung mit einem alten lecken Schoner die Flucht ergriffen hatte — man bedauerte die armen Teufel, die nicht weit kommen würden, und bekümmerte sich nicht weiter um sie. Alsdann erfolgte die Übernahme der Verwundeten und der übrigen Besatzung der „Emden" mit Schiffsbooten auf die „Sydney", eine sehr schwierige Arbeit, da die Brecher am Rande des Korallenriffs das Wrack der „Emden" hin und her warfen und das Anlegen von Booten fast unmöglich machten. Nach der Schilderung eines englischen Offiziers soll das Wrack fürchterlich ausgesehen haben. Die „Sydney" dampfte zunächst nach Colombo, wo die Verwundeten, Deutsche und Engländer, gelandet wurden.

Der letzte Kampf der „Emden" wurde mit einem Heldenmut geführt, der den Ruhm ihrer Taten, die die Welt in Bewunderung und Staunen versetzten, unvergänglich erhalten wird. Welcher Geist die Besatzung dieses kleinen Kreuzers erfüllte, zeigte deutlich das unverzagte Verhalten der auf dem Schoner „Ayesha" in See gegangenen Landungsabteilung.

S. M. S. „Ayesha".

Nach dreiwöchiger Reise unter schwersten Entbehrungen gelang es ihr, einen Hafen der Südküste von Sumatra zu erreichen. Mit großer Freundlichkeit wurden die fast verdursteten und verhungerten Seefahrer von den dort anwesenden Kauffahrteischiffen aufgenommen und mit dem Notwendigsten ausgerüstet; es fehlte sogar an Kleidung. Auf der „Ayesha", die doch nur ein gefährliches Wrack war, liegen zu bleiben, war nicht möglich; die Aussicht, an Land zu gehen und sich den Holländern kriegsgefangen zu ergeben, gefiel der Heldenschar durchaus nicht. Da erhielt zu aller Freude

Kapitänleutnant v. Mücke auf seine Meldung von der Ankunft die Ernennung zum Kommandanten S. M. S. „Ayesha", wodurch die rechtliche Stellung zu den holländischen Behörden bestens geregelt war. Von unbezähmbarem Tatendrang getrieben, sann der moderne Odysseus, wie er der „Ayesha" ein für ein Kaiserliches Kriegsschiff geziemendes Äußere geben und nach Kräften dem Feinde schaden könnte. „Zufällig" traf er bald nach dem Verlassen des gastlichen Gestades auf einen Dampfer, der sofort besetzt und mit Maschinengewehren armiert wurde. Nach wechselvoller Kreuzfahrt traf S. M. S. „Ayesha" in dem Hafen von Hodeida an der arabischen Küste des Roten Meeres ein, wo die Besatzung mit allen Waffen, Munition und Maschinengewehren landete. Wie dies möglich war trotz der die Straße von Perim bewachenden englischen und französischen Kriegsschiffe, ist zunächst unerklärlich; darüber sagt auch nichts die am 4. Februar über Konstantinopel eingetroffene Meldung von der erfolgten Landung.

Nordsee.

Der Beginn des Seekrieges in der Nordsee.

Bei Ausbruch des Krieges befand sich, wie schon früher erwähnt, fast die ganze englische Flotte zwischen der Themse und der holländischen Küste aufgestellt. Ihre Aufgabe hatte offenbar einen doppelten Zweck: einerseits sollte sie als politisches Druckmittel gegen Holland dienen, um es zum Anschluß an die Feinde Deutschlands zu zwingen, anderseits sollten die Truppentransporte von England nach dem Kontinent gegen deutsche Angriffe gedeckt werden. Nach altbewährter englischer Praxis wäre dieser Zweck am besten durch enge Blockade der deutschen Flotte in ihren Häfen zu erreichen gewesen. Zu nicht geringem Erstaunen der ganzen Welt verzichtete jedoch die englische Flotte auf eine energische Offensive gegen die deutsche Küste, wo bei Helgoland die deutsche Flotte kampfbereit stand. Scheinbar beschleunigt durch den Vorstoß des Streuminendampfers „Königin Luise" gegen die Themsemündung, zogen sich die englischen Linienschiffsgeschwader aus der Nordsee in die befestigten Häfen der Süd- und Westküste Englands zurück. Hierbei erklärt die Admiralität daß sie dort ohne Risiko, indem sie sich bei guter Gesundheit erhielten, am besten ihre Pflicht täten, die Küsten Englands gegen feindliche Angriffe zu schützen.

Maßgebend für dieses sonderbare Verhalten waren offenbar strategisch-politische Überlegungen. Das Hauptziel des englischen Kriegsplanes, ging dahin, den Ruin der deutschen Volkswirtschaft auf möglichst billige Weise herbeizuführen, damit für England bald die Zeit der Ernte beginnen könnte. Während die Verbündeten, unterstützt durch ein englisches Expeditionskorps, die militärische Macht der beiden Kaiserreiche zerschmetterten, sollte England durch Unterbinden aller Zufuhren, deren Deutschland für die Volksernährung und den Unterhalt der Industrie dringend bedurfte, die innere Widerstandskraft des deutschen Volkes brechen. Seine Rolle hoffte England allein mit älteren Kriegsschiffen durchführen zu können, ohne seine Hauptflotte zu gefährden. Wollte die deutsche Flotte nicht verhungern, sondern kämpfen, so sollte sie gezwungen sein, die englische Flotte aufzusuchen und fern von ihrer Operationsbasis der Übermacht unter ungünstigen strategischen Bedingungen gegenüberzutreten. Mit der intakten oder wenig geschwächten Schlachtflotte besaß England das besterprobte Machtmittel für die Durchsetzung seines Willens bei Friedens- und sonstigen Verhandlungen gegenüber seinen Verbündeten und den Neutralen.

Der Hungerkrieg gegen Deutschland.

Wie in allen Seekriegen, so hatte auch in dem gegenwärtigen die neutrale Handelswelt durch die Konterbandevorschriften und die Ausübung des Untersuchungsrechtes seitens der Kriegführenden schwer zu leiden. Mit der Absperrung der Nordsee durch englische Kriegsschiffe im Norden auf der Linie zwischen Schottland und Norwegen, im Süden zwischen Dover und Calais, begann der Handelskrieg, in dem die große Menge älterer Kreuzer und Torpedoboote, gewissermaßen die zweite Garnitur, gute Verwendung fand. — Die deutschen Schiffe in englischen Häfen — die Verbündeten Englands verfuhren analog — wurden sämtlich beschlagnahmt oder auf offener See ohne Fristeinhaltung weggenommen. Alle seerechtlichen Abmachungen der Londoner Deklaration vom Jahre 1909, die zwar von England nicht ratifiziert war, aber den Niederschlag allgemein anerkannter Grundsätze des internationalen Seekriegsrechtes darstellte, also auch für England hätte bindend sein müssen, wurden für nichtig erklärt oder willkürlich abgeändert, wenn es zum Schaden Deutschlands nützlich oder bequem schien. Nach dem Interesse des neutralen Handels zu fragen, hielt England für überflüssig, da der Krieg um Englands Sein oder Nichtsein ginge. Das Höchste leisteten die englische Regierung und ihre Presse bisher in der Verleumdung der deutschen Kriegführung und im Lügen — unsere hoffnungslose Unterlegenheit in dieser Hinsicht muß einfach und offen zugegeben werden —, um die Neutralen gegen Deutschland aufzuhetzen und englische Rücksichtslosigkeit mit der durch die

„verbrecherische" Kriegführung Deutschlands — Verwendung von Streuminen und Unterseebooten — geschaffenen Zwangslage zu entschuldigen.

Es zeigte sich nämlich bald, daß durch die in den vorstehend genannten Absperrungslinien aufgestellten englischen Kreuzer nicht nur der Handel nach Deutschland unterbunden, sondern auch eine Kontrolle des erlaubten neutralen Handels ausgeübt wurde, die einer Blockade aller an oder hinter der Nordsee gelegenen neutralen Staaten gleich kam. Da die nächst beteiligten Neutralen weder moderne Dreadnoughts, noch gegen England brauchbare Unterseeboote besaßen, mußten sie sich die Übergriffe der englischen Weltmacht gefallen lassen. Durch Beschlagnahme und willkürlich hingezögerte Untersuchung neutraler Post-, Passagier- und Frachtdampfer in englischen Häfen wurden die Neutralen so lange drangsaliert, bis sie sich zu Ausfuhrverboten nach Deutschland bequemten, weil das englische Interesse dies erforderte. Ist das noch Neutralität? Ihre Proteste blieben in der Tat reine Formsache.

In Wirklichkeit war nämlich die englische Flotte nicht imstande, den Seehandel so abzusperren, daß eine Aushungerung Deutschlands erreicht wurde, noch erreicht werden konnte. Mit fortschreitender Jahreszeit wurden die Strapazen im Norden für die englischen Kriegsschiffe immer unerträglicher, eine Absperrung war dort während der Wintermonate nicht aufrecht zu erhalten. Diese Umstände veranlaßten die englische Regierung zu der Absperrung des Südeinganges der Nordsee durch ein großes Streuminenfeld und zu der Erklärung der Nordsee als militärisches Operationsgebiet, das nur nach englischer Anweisung und mit englischer Lotsenhilfe ohne Gefahr für die Neutralen passiert werden durfte. Die englische Rechnung, daß durch dieses Streuminenfeld außerdem die deutschen Unterseeboote vom Erscheinen an der belgischen Küste und im Kanal abgehalten werden könnten, erwies sich als falsch.

Die deutsche Offensive gegen die englische Ostküste.

In der Nordsee selbst entwickelte die deutsche Flotte eine von den Engländern wenig erwartete Rührigkeit. Vor allen

Flottenstützpunkten der englischen Ostküste wurden Streuminen ausgelegt, denen verschiedene englische Kriegs- und Handelsschiffe alsbald zum Opfer fielen. Diese seerechtlich durchaus zulässige Verwendung der Minen in feindlichen Hoheitsgewässern war den neutralen Regierungen rechtzeitig bekannt gegeben; fuhren dennoch neutrale Schiffe nach den gesperrten Häfen, so taten sie es auf eigenes Risiko und hatten kein Recht, sich zu beschweren.

Den Engländern ist es zu ihrem großen Ärger trotz der außerordentlich großen Zahl von Wachtschiffen jeder Art bisher stets mißlungen, deutsche Minenleger zu überraschen, ausgenommen den ehemaligen Bäderdampfer vor der Themse. Da sie sich diese Tatsache nicht erklären konnten, so verstiegen sie sich zu den abenteuerlichsten Vermutungen und Verleumdungen, wobei sie den angeblichen Mißbrauch neutraler Flaggen durch deutsche Minenleger als unerhörte Niedertracht darstellten; solche Schiffsbesatzungen sollten kurzerhand als Seeräuber gehängt werden. (Und heute?) Außerdem wurde zur Abschreckung der Schiffahrt nach deutschen Häfen behauptet, daß die ganze Nordsee durch überall verstreute deutsche Minen gefährdet sei. Das Gegenteil war der Fall; nur an der englischen Küste und vor den deutschen Flußmündungen befanden sich Minensperren; letztere konnten mit Lotsenhilfe passiert werden, die bei Helgoland bereit war. Zum Wegräumen der deutschen Streuminen waren in den ersten Monaten des Krieges 200 kleinere Dampfer an der englischen Küste angestrengt tätig, ohne jedoch für ein „reines" Fahrwasser gewährleisten zu können. Fast täglich liefen Nachrichten ein von Schiffen und Fahrzeugen, welche auf Minen geraten und verunglückt waren. Es schien so, als ob die Deutschen immerwährend die weggeräumten Minen ersetzten.

Noch weniger machten den Engländern die deutschen Unterseeboote Freude, welche sofort nach Kriegsausbruch ihre kühnen, weit und lange ausgedehnten Wikingerfahrten antraten. Leider mußten sie auch Lehrgeld zahlen. Sonntag, den 16. August, stieß eine Gruppe U-Boote bei Schottland auf englische Kreuzer, von denen sie frühzeitig entdeckt wurden.

„U 15" soll bei dieser Gelegenheit durch Geschützfeuer des Kreuzers „Birmingham" zugrunde gegangen sein.

Zur selben Zeit machten die Kleinen Kreuzer „Straßburg" und „Stralsund" eine Aufklärungsfahrt nach dem Kanal hin. Hierbei sichtete „Straßburg" unter der englischen Küste zwei feindliche Unterseeboote, von denen sie eines auf größere Entfernung zum Sinken brachte. „Stralsund" kam in ein Feuergefecht mit mehreren Zerstörern, zwei von diesen erlitten Beschädigungen und entkamen mit dem Rest in die Themse. Bei dieser Gelegenheit ebenso wie bei der Erkundungsfahrt eines Luftschiffes bis zum Skagerrak konnte erneut festgestellt werden, daß die deutsche Küste und ihre Gewässer frei von Feinden waren.

Wenn trotzdem die deutsche Hochseeflotte sich nicht verleiten ließ, sich von der heimischen Küste zu entfernen, um die englischen Dreadnoughts nach dem Wunsch der englischen Admiralität anzugreifen, so wurde dieses Verhalten überall verstanden. Hatte England keine Eile, eine Entscheidung über die Seeherrschaft herbeizuführen, so konnte Deutschland auch warten. Der bekannte Vielredner und Sportsman an der Spitze der englischen Admiralität fand es passend, unsere Hochseeflotte, die ihre Kampfbegier unterdrückte und in Pflichttreue auf ihrem Posten in der Deutschen Bucht ausharrte, obschon sie des öftern zu Übungsfahrten und Schießübungen in Bewegung war, mit einer Ratte zu vergleichen und prahlerisch zu verkünden, er würde sie schon aus ihrem Loch räuchern wenn es der englischen Politik an der Zeit erscheine. Selbst seine Ministerkollegen hielten es für nötig, ihn zur Bescheidenheit zu ermahnen.

Der Überfall bei Helgoland.
(Mit einer Skizze.)

Auf Grund von Nachrichten über Lage und Stärke unseres Vorpostendienstes an der deutschen Nordseeküste traf die englische Admiralität umfassende Vorbereitungen zu einem wuchtigen Schlage, der den so unangenehm sich bemerkbar machenden Tatendrang der deutschen Marine gründlichst dämpfen sollte.

Der Überfall bei Helgoland.

Von englischen Streitkräften waren für dieses Unternehmen bestimmt und beteiligt:

I. Die 6 neuesten Dreadnoughtkreuzer, Schiffe von 30 000 Tons Wasserverdrängung, 28,5 cm Geschwindigkeit, armiert mit je 8 34,3 cm- usw. Kanonen: „Lion" (Flaggschiff desVizeadmirals Beatty), „Queen Mary", „Prinzeß Royal", „New Zealand", „Invincible" und „Inflexible".

II. 5 Große Kreuzer von 12 000 Tons Wasserverdrängung: „Euryalus", „Cressy", „Hogue", „Aboukir" und „Bacchante".

III. 8 Kleine Kreuzer von 5500—3500 Tons Wasserverdrängung: „Birmingham", „Arethusa", „Lowestoft", „Southampton", „Fearleß", „Falmouth", „Liverpool", „Amethyst".

IV. Die neuesten und schnellsten Zerstörerflottillen der L- und J-Klasse, zusammen 31 Boote.

V. Alle verfügbaren U-Boote, deren Namen und Zahl unbekannt geblieben sind. Ihnen sollte eigentlich der Löwenanteil zufallen.

Der Vorstoß gegen die Vorposten bezweckte zwar auch deren totale Vernichtung durch die Zerstörerflottillen, sollte aber die deutschen Großen Kreuzer und Linienschiffe zum beschleunigten Auslaufen veranlassen und sie den quer vor den Fahrwassern der Elbe, Weser und Jade verborgen aufgestellten U-Booten vor die Torpedorohre locken. Außerdem waren zu beiden Seiten der allgemeinen Rückzugslinie westlich von Helgoland U-Boote stationiert, die den nachdrängenden deutschen Schiffen gefährlich werden sollten. Die schnellsten und besten Schiffe der verschiedenen Arten waren ausgesucht, einmal um die sichere Überlegenheit zu haben und zweitens, um im Falle eines möglichen Fehlschlages sich dem deutschen Artilleriefeuer schnell entziehen zu können.

Am 27. August abends nahmen die englischen U-Boote bereits ihre Stellung ein, als die Zerstörerflottillen und Kreuzergeschwader sich der deutschen Bucht näherten, wo sie unbemerkt zum Teil dicht unter der Küste bei Langeoog und Spiekeroog ankerten. Mit Hellwerden setzte sich die Masse der Zerstörer, geführt von den Kreuzern „Arethusa" und „Fearleß", von einem Punkte, der in Richtung SSW und 25 Seemeilen Abstand von Helgoland lag, in Bewegung. Das dicke neblige Wetter hielt sehr auf, nur langsam krochen die Zerstörer die Küste entlang, wie es in einem englischen Bericht heißt, hinter ihnen her das leichte Kreuzergeschwader. Es war die Absicht, den südlichen Flügel der deutschen Vorpostenlinie von der Insel Wangeroog her zu umfassen, dann schnell in Richtung auf Helgoland vordringend abzuschneiden und nach Westen abzudrängen, wo ein zweites, abwechselnd Nord-Süd steuerndes Kreuzergeschwader die Flüchtlinge abschießen sollte.

Um 7 Uhr 20 Minuten wurde das erste deutsche Torpedoboot gesichtet, welches die Vorpostenlinie alarmierte und nach Norden auf Helgoland auswich, verfolgt von den mit äußerster Kraft nachsetzenden Engländern, die 30 Seemeilen Geschwindigkeit liefen.

Die in der Vorpostenstellung überfallenen Torpedoboote sammelten sich südlich bei Helgoland. Der herrschende Nebel verhinderte, daß die deutschen Vorpostenschiffe, Torpedoboote und Kleine Kreuzer, die ihnen drohende Gefahr erkennen und gemeinsame Abwehrmaßregeln ergreifen konnten. So sah sich das Führerboot der deutschen Torpedoboote V 187, welches das Signal des Torpedobootes „Werde von feindlichen Torpedobootszerstörern gejagt", erhalten hatte, plötzlich von der wilden Jagd erreicht und von allen Seiten umringt. Der Bericht eines geretteten Wachtoffiziers von V 187 schildert diese Vorgänge aufs beste, wie folgt:

Am Morgen des 28. August stand V 187 in einiger Entfernung von Helgoland auf Vorposten. Es erhielt das Signal von einem andern Torpedoboote, daß es gejagt würde, wußte aber nicht, in welcher Richtung dem bedrängten Kameraden Hilfe gebracht werden konnte, da der Nebel wieder plötzlich dichter geworden war. Aus dem Nebel tauchten dann zwei Zerstörer und vier nicht genau zu erkennende feindliche Schiffe auf. V 187 versuchte sich angesichts dieser Übermacht auf Helgoland zurückzuziehen, sah aber den Weg durch vier weiter hinzugekommene Zerstörer verlegt. Diese eröffneten auf nahe Entfernungen das Feuer auf V 187. Das Boot versuchte nunmehr seitlich an dem Feinde vorbeizukommen, fand aber auch diesen Kurs durch einen feindlichen Kreuzer verlegt, welcher sofort auf nahe Entfernung ein heftiges Feuer auf V 187 abgab. Von allen Seiten durch übermächtige Feinde umstellt, entschloß sich der Kommandant auf die verfolgenden Zerstörer zuzudrehen und wenn möglich durchzubrechen.

Die feindlichen Zerstörer stutzten zunächst auf dieses unerwartete Manöver hin, dann eröffneten sie sämtlich — zehn an der Zahl und außerdem der Kreuzer — ein konzentrisches vernichtendes Feuer auf das deutsche Torpedoboot. Dieses erlitt schwere Beschädigungen, seine Geschütze wurden nacheinander außer Gefecht gesetzt; es war vollständig in Rauch und Qualm gehüllt; schließlich ganz manövrierunfähig konnte V 187 nur noch ganz geringe Fahrt laufen. Der Flottillenchef, Korvettenkapitän Wallis, war gefallen, ein großer Teil der Besatzung tot oder verwundet. Um das Boot nicht in die Hände des Feindes geraten zu lassen, der bereits Boote zu Wasser ließ, um zu entern, befahl der schwerverwundete Kommandant, Kapitänleutnant Lechner, das Boot zu versenken. Eine mit Zeitzünder versehene Sprengpatrone wurde in einem der unteren Räume, weitere Patronen wurden vorn im Schiff angebracht. Danach wurde der Befehl erteilt, das Boot zu verlassen. Der größte Teil der Besatzung sprang außenbords. Noch im Untergehen feuerte das hintere Geschütz unter Leitung des zweiten Offiziers auf die Zerstörer. Diese erwiderten das Feuer nur noch spärlich, setzten dabei aber auch jenes Geschütz außer Gefecht. Der Rest der Geschützbedienung sprang nunmehr auch über Bord, und beinahe unmittelbar danach ging V 187 mit dem Bug zuerst unter. Es war niemand mehr an Deck zu sehen.

Der Kampf zwischen den deutschen Torpedobooten und englischen Zerstörern zog sich mit großer Geschwindigkeit aus der Gegend von Wangeroog nach Helgoland hin, geführt von den Kreuzern „Arethusa" und „Fearless", welche dabei in ein Gefecht mit zwei deutschen Kleinen Kreuzern („Cöln" und „Mainz") gerieten, die, von Osten kommend, aus dem Nebel auftauchten.

Es war etwa 8 Uhr 30 Min. vormittags, als bei Insichtkommen von Helgoland die Zerstörerflottillen und die beiden englischen Kreuzer nach Westen abdrehten, um nicht in das Feuer der auf der Insel stehenden Geschütze zu geraten; sie waren bald im Nebel verschwunden. Die „Arethusa" hatte durch das Feuer der deutschen Kreuzer sehr erheblich gelitten, fast alle Geschütze waren beschädigt, auch einzelne Zerstörer waren übel zugerichtet, besonders „Liberty", „Laurel" und „Laertes". Unter dem Schutz des Nebels setzten sich die Zerstörerflottillen instand, und es herrschte auf dem Kampffelde, das von den deutschen Kreuzern abgesucht wurde, so gut es bei dem dicken Wetter gehen wollte, Ruhe. Erst gegen 11 Uhr stieß ein deutscher Kreuzer auf die Zerstörer „Lurcher" und „Firedrake", welche als Führerschiffe der englischen U-Boote dienten, und jagte sie nach Westen, wo die wieder gesammelten Zerstörerflottillen mit den Kreuzern „Arethusa" und „Fearleß" in Sicht kamen. Während nun ein heftiges Feuergefecht anhub, erschien das leichte englische Geschwader, bestehend aus den Kreuzern „Southampton", „Lowestoft", „Falmouth", „Birmingham" und „Liverpool", und warf sich auf die von Osten herkommende „Mainz". Es kämpften auf englischer Seite 36 15,2 cm-Kanonen gegen 12 10,5 cm-Kanonen auf deutscher Seite. Kein Wunder, daß die „Mainz" innerhalb von 25 Minuten so zugerichtet war, daß sie in sinkendem Zustand verlassen werden mußte.

Kaum war dies geschehen, so erschien um 12 Uhr mittags das englische Dreadnoughtgeschwader aus nordwestlicher Richtung — es hatte bis dahin auf einer Stelle westlich von Helgoland in etwa 20 Seemeilen Abstand gewartet — mit Kurs auf die Jademündung auf dem unübersichtlichen Kampfplatz. Die Spitzenschiffe eröffneten etwa um 12 Uhr 20 Min. ihr fürchterliches Feuer gegen die „Cöln", welche dem Geschützdonner entgegenfuhr. Wenige Salven der 16 34,3 cm-Kanonen genügten, um den Kleinen Kreuzer in Trümmer zu legen

Der Überfall bei Helgoland. 91

und kampfunfähig zu machen. Durch allmähliche Kurs-
änderung des englischen Geschwaders nach Norden wurde

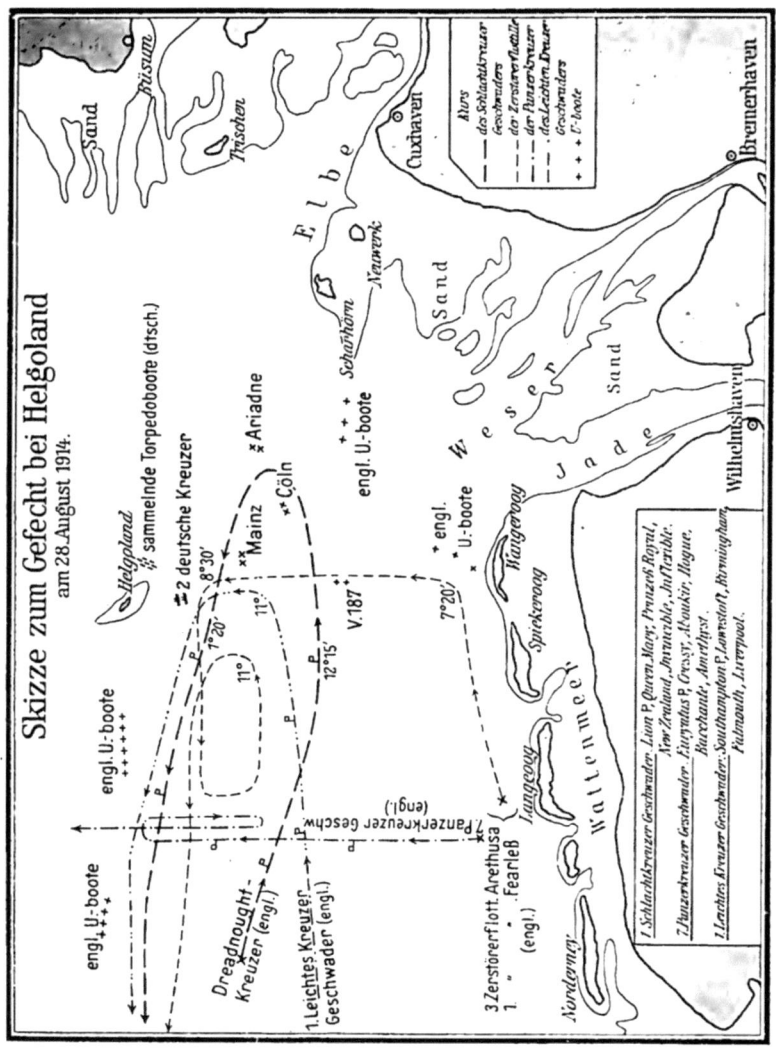

der „Cöln" der Rückzug nach der Elbe verlegt. Während dies
geschah, kam der Kleine Kreuzer „Ariadne", von Osten her
dem Geschützdonner sich nähernd, in Sicht und griff sofort in

den ungleichen Kampf ein, in den er seinen Kameraden verwickelt fand. Der Ausgang konnte nicht zweifelhaft sein: sechs Riesenschiffe mit 30,5 und 34,3 cm-Kanonen gegen zwei schwache ungepanzerte Kreuzer mit 10 cm-Kanonen. Die „Cöln" versank vor den Augen der Engländer; die „Ariadne" trieb als brennendes Wrack der Elbe zu, als das Dreadnoughtgeschwader aus Achtung vor unsern Minensperren und U-Booten — die „Queen Mary" und ein anderer Schlachtkreuzer wollen nur durch rechtzeitiges Ruderlegen den Torpedos unserer U-Boote entgangen sein — um 1 Uhr mittags nach Westen steuerte und damit der allgemeine Rückzug der ausgesandten englischen Flottenabteilung begann.

Von einem Augenzeugen, der auf der „Ariadne" den Kampf mitgemacht hat, werden die Vorgänge am 28. August vormittags wie folgt geschildert:

Am 28. August morgens erhielt der Kreuzer „Ariadne" in einer rückwärtig der Vorpostenlinie befindlichen Stellung die Nachricht, daß feindliche Zerstörer nördlich von Helgoland gesehen worden seien. Dazu kam die Bitte von einem unserer Torpedoboote um Hilfe. „Ariadne" ging sofort in Richtung des Geschützdonners vor, suchte aber in dem immer unsichtiger werdenden Wetter zunächst vergebens nach dem Feinde in verschiedenen Richtungen. Der Geschützdonner verstummte. „Ariadne" ging in eine abwartende Stellung zurück und begegnete dabei dem Kreuzer „Cöln", der mit hoher Fahrt nach Westen lief. Kurz darauf kamen Signale von andern Kreuzern, daß sie mit feindlichen Zerstörern im Feuergefecht ständen.

Während „Ariadne" nun wieder vorging, vernahm sie erneut Geschützfeuer und erblickte später im Nebel einen großen englischen Schlachtkreuzer der „Lion"-Klasse. Dieser warf sich nun auf die „Ariadne".

Kurz darauf gesellte sich ein zweiter derselben Klasse hinzu, und beide Riesen (30 000 Tons) beschossen die kleine „Ariadne" (2650 Tons) über eine halbe Stunde lang auf nahe Entfernungen. „Ariadne" erhielt eine große Anzahl Treffer aus den schweren 34,3 cm-Geschützen. Bald brannte das

Der Überfall bei Helgoland.

Achterschiff in hellen Flammen, dann wurde das Vorschiff durchlöchert und halb zerstört, der Verbandplatz mit dem dort befindlichen Personal vernichtet. Wieviel Treffer im ganzen eingeschlagen sind, entzieht sich jeder Berechnung. Durch die Beschädigung der Maschine wurde sie eine bewegungslose Zielscheibe. Trotz des fürchterlichen überwältigenden Feuers wurden auf „Ariadne" die noch gebrauchsfähigen Geschütze weiter bedient. Die Verwundeten wurden von den Krankenträgern ordnungsmäßig vom Oberdeck fortgeschafft. Jeder suchte auf seinem Platz vorläufige Reparaturen nach Möglichkeit auszuführen. Dabei wurde der Erste Offizier im Zwischendeck von einem schweren Treffer weggefegt. Plötzlich drehten die feindlichen Schlachtschiffe nach Westen ab und stellten das Feuer ein. Der Kommandant befahl den Brand zu löschen. Das Feuer hatte aber schon vom Achterschiff her so weit um sich gegriffen, daß an ein Löschen nicht mehr zu denken war.

Der Aufenthalt auf dem Schiffe wurde durch Hitze und Rauch immer unerträglicher. Die Verwundeten wurden auf die Back gebracht, wo man es noch aushalten konnte und auch der übrige Teil der Besatzung sich versammelte. Der Kommandant brachte drei Hurras auf den Deutschen Kaiser aus, das Flaggenlied und „Deutschland, Deutschland über alles" wurde gesungen; auch die Verwundeten stimmten mit ein. Da näherte sich ein kleiner deutscher Kreuzer und schickte Boote herüber. Auch einige Boote der „Ariadne" konnten noch mit benutzt werden und in diese wurden die Verwundeten gebracht. Dann sprang der Rest der Besatzung auf Befehl des Kommandanten über Bord. Die Nichtschwimmer unter ihnen hielten sich an Schwimmwesten und Hängematten; alle wurden von den Booten aufgenommen. Der Kommandant der „Ariadne" versuchte noch das Schiff in Schlepp nehmen zu lassen, aber die „Ariadne" legte sich, nachdem sie beinahe ganz ausgebrannt war, auf die Seite und kenterte dann infolge der Explosion der hinteren Munitionskammer, welche nicht hatte unter Wasser gesetzt werden können wie die vordere.

Von der tapferen Besatzung sind gefallen: der Erste Offizier, Korvettenkapitän Franck (Wilhelm), Schiffsarzt Dr. Ritter v. Bosberg, Wachtingenieur Helbing und ungefähr 70 Mann. Die Zahl der Verwundeten ist groß. (Die etatsmäßige Besatzungskopfstärke ist 275.)

Die Verluste der Engländer waren nicht unbedeutend; drei Schiffe mußten ins Schlepptau genommen werden, darunter die „Arethusa", welcher eine Turbine, Dynamomaschine, Schornsteine und Kommandobrücke beschädigt waren; die Zerstörer „Liberty", „Laurel", „Laertes" hatten bedeutenden Schaden und Mannschaftsverluste bei ihrer Ankunft in England am 29. August aufzuweisen; eine weitere Zahl Zerstörer wie „Goshawk", „Druid", „Phoenix", die Kreuzer „Fearleß" und „Amethyst" und andere hatten Beschädigungen und Verluste erlitten, die in England aus guten Gründen möglichst verheimlicht wurden.

Der Plan für dieses Unternehmen kann als musterhaft für die gemeinsame taktische Verwendung der verschiedenen Schiffstypen bezeichnet werden und macht dem damaligen Ersten Seelord Prinz Louis von Battenberg alle Ehre. Das Wetter begünstigte die Ausführung außerordentlich, soweit der Überfall der deutschen Vorposten in Betracht kam. Der Anmarsch der Engländer vollzog sich am 27. August bei stillem klarem Wetter unbemerkt und mit hoher Geschwindigkeit; erst in dem Mündungsgebiet der Flüsse in dem Dreieck Helgoland—Wilhelmshaven—Cuxhaven befand sich ein mehr oder minder dicker Dunstschleier, der die vollständige Überrumpelung der deutschen Vorpostenlinie am 28. August morgens ermöglichte, aber die aussichtsvolle Verwendung der englischen U-Boote, die klares Wetter erforderte, in Frage stellte. Der spät eingeleitete Vorstoß der Schlachtkreuzer am Mittag des 28. August unter Führung des Vizeadmirals Beatty, welcher sich kaum eine halbe Stunde vor der Jade zeigte, konnte die beabsichtigte Wirkung, die deutsche Flotte auf die englischen U-Boote zu locken, natürlich nicht haben. Also in der Hauptsache blieb der englische Vorstoß ein Schlag ins Wasser und berechtigte die Engländer nicht zu der hochtrabenden Behauptung: die deutsche Flotte hätte nicht gewagt, den angebotenen Kampf anzunehmen — bei dem die Dreadnoughtkreuzer doch planmäßig wesentlich durch Ausreißen mitwirken sollten?! Das Ergebnis des mit Aufwand von zwei Kreuzern und 31 Zerstörern gegen die deutschen Torpedoboote unternommenen Angriffs war die Vernichtung von V 187 — wahrlich kein großer Erfolg; ebensowenig kann der Untergang der drei Kleinen Kreuzer als großartige Leistung für die im Schutze des Nebels herangekommenen Dreadnoughtkreuzer in Anspruch genommen werden, so schmerzlich uns der Verlust in jeder Hinsicht auch war. Das Hauptziel, den deutschen Offensivgeist zu dämpfen, haben die Engländer nicht erreicht; im Gegenteil hat dieser Zusammenstoß, bei dem auf deutscher Seite die unter den ungünstigsten Verhältnissen kämpfenden Schiffsbesatzungen eine solche Kampfesfreudigkeit, zähe Ausdauer und hohen Mut zeigten, nur dazu beigetragen, in unserer Flotte das Vertrauen auf die eigene Kraft noch wachsen zu lassen.

Weitere kriegerische Ereignisse in der Nordsee.

Den abziehenden Engländern folgten alsbald deutsche U-Boote und Gruppen aus Kleinen Kreuzern und Torpedobootsflottillen, die ihre Tätigkeit über das ganze Nordseegebiet ausbreiteten, ohne früher mit dem Feinde in Berührung zu kommen als unmittelbar unter der englischen Küste, wo natürlich auch Minen vor den Stützpunkten des feindlichen Küstenwachtdienstes gestreut wurden.

Die Versenkung des „Pathfinder".

Am 5. September 1914, nachmittags, wurde das Führerschiff der 8. Zerstörerflottille, der Kreuzer „Pathfinder" bei schönem Wetter 20 Seemeilen von der englischen Küste vor dem Firth of Forth durch einen Torpedoschuß des deutschen Unterseebootes „U 21" versenkt. Ein Augenzeuge schilderte den Vorgang wie folgt:

Wir hörten das Krachen und dann eine schreckliche Explosion in der Pulverkammer, in der außer der Geschützmunition die scharfen Torpedoköpfe lagerten. Der größte Teil der Mannschaft war zum Nachmittagstee unter Deck und ging unter, ohne zu ersehen, was eigentlich vorgefallen sei. Der Vormast fiel auf Deck, der vordere Schornstein und die Kommandobrücke folgten, während der mittlere Schornstein auf ein Viertel seiner Länge zusammenbrach. Das Vorschiff war ein vollständiges Wrack. Die nächsten Zerstörer „Star" und „Expreß" waren 20 bis 24 Seemeilen entfernt und retteten etwa 50 Überlebende.

In Wirklichkeit stellten sich die Verluste nach offizieller Angabe auf 4 Tote, 13 Verwundete und 243 Vermißte, bei einer Besatzungsstärke von 268 Köpfen.

Die Westminster Gazette veröffentlichte damals aus der Feder eines hohen Seeoffiziers einen Artikel, der die Tätigkeit der deutschen und der englischen Flotte verglich. Er zollte der englischen Flotte natürlich volle Bewunderung. Es wäre ein „Wahnsinn", von der Untätigkeit der englischen Flotte zu sprechen. Allerdings hätte Englands Flotte keine Schiffe, die tolle Husarenstücke ausführten, wie einzelne deutsche dies mit großem Erfolg im Mittelmeer und Ozean getan haben. Der bisherige Erfolg der deutschen Flotte läge aber nicht in diesen kleinen Unternehmungen, sondern in ihrem geheimnisvollen Wirken. Englands Flotte hätte eine Anzahl von deutschen Schiffen gekapert. Englands Flotte hätte deutsche Schiffe in Grund geschossen. Das wären sichtbare Vorgänge, bei denen Ursachen und Wirkung klar zutage träten. Die deutsche Flotte arbeite mit geheimnisvollen Mitteln, die alle Engländer wohl kannten, jetzt aber erst in ihrer vollen Wirkung fühlten! „Unsere Schiffe fahren still und ruhig über die See, plötzlich bersten sie auseinander und sind verschwunden. Wir sprechen immer nur von Minen und Minen und Minen. Auch diese vollführen ihr grausames Werk. Alle Anzeichen aber deuten darauf hin, daß die Unterseeflotte Deutschlands hart an der Arbeit ist. England ist unstreitig Herrin des Meeres. Was nützt das aber, wenn Deutschland unter der Meeresoberfläche herrscht? Der Kampf unter der See und der Kampf hoch in den Lüften zeigt Deutschland als Meister. Die Waffen, die in diesem Kampfe erst sozusagen die Feuertaufe erhalten, sind vor der Hand fast ausschließlich zu Waffen Deutschlands geworden..... Der große Nebenerfolg dieser geheimnisvollen Tätigkeit deutscher Kampfmittel trägt nun aber die Nervosität ins Land, in das Heer und die Marine."

Die Absicht dieses prophetischen Fachmannes war sicherlich nicht die aufrichtige Anerkennung deutschen Könnens, sondern die Beruhigung des wegen der Untätigkeit seiner Armada unwilligen englischen Volkes; deswegen kann seine Schilderung der überall durch die deutsche Offensivtätigkeit erzeugten Nervosität als zuverlässig bezeichnet werden.

„U 9" versenkt drei englische Panzerkreuzer.

Darauf folgte am 22. September die Versenkung der drei Großen Kreuzer „Aboukir", „Hogue" und „Cressy" durch „U 9", Kapitänleutnant Weddigen, die in dem Briefe eines Matrosen der Besatzung von „U 9" mit wenigen Worten klar beschrieben wird.

Wir fuhren am Sonntag, den 20. September, in aller Frühe von Helgoland fort und kamen am Dienstag, den 22. September, 6 Uhr, an die holländische Küste, wo wir in der Ferne Rauchwolken aufsteigen sahen. Darauf tauchten wir mit unserm Boote unter und fuhren darauf zu.

Beim Näherkommen erkannten wir, daß es drei englische Panzerkreuzer waren. Wir ließen nun, ohne bemerkt zu werden, das erste Schiff an uns vorüberfahren und schossen auf das zweite einen Torpedo ab, der sehr gut traf, so daß es in einer Viertelstunde versank. Das erste Schiff eilte nun zu Hilfe, und wir konnten auch auf dieses einen Schuß abgeben, der Volltreffer war, so daß dieses Schiff schon nach 3 bis 4 Minuten von der Bildfläche verschwunden war. Während dieser Zeit kam auch der dritte Kreuzer zu Hilfe, und wir konnten auch auf diesen einen Torpedoschuß abgeben; da das Schiff aber nicht versinken wollte, bekam es noch einen Torpedo, worauf es sich sogleich auf die Seite legte und kieloben unterging. In der Nähe befanden sich zwei holländische Fischerboote, welche sich an dem Rettungswerk beteiligten. Wir aber fuhren davon, natürlich immer unter Wasser. Nach einer Viertelstunde tauchten wir auf und fuhren über Wasser nach Hause.

Um 11 Uhr bemerkten wir, daß wir von englischen Zerstörern verfolgt wurden, die uns zuletzt dicht auf den Leib kamen, so daß wir wieder unter Wasser fuhren. Als wir dann wieder hochkamen, war vom Feind nichts mehr zu sehen, und nach einigen Stunden wurden wir von deutschen Torpedobooten, welche uns nach Helgoland begleiteten, mit Hurra empfangen.

Die drei Kreuzer gingen innerhalb einer Stunde etwa zwischen 8 und 9 Uhr vormittags zugrunde. Die Angaben der britischen Presse: in der Nähe des Gefechts hätten sich Begleitschiffe deutscher Unterseeboote befunden und noch dazu unter holländischer Flagge, sind ebenso unwahr wie die Erzählungen überlebender Engländer, die Kreuzer seien von mehreren deutschen Unterseebooten angegriffen worden, und man habe durch Geschützfeuer mehrere von ihnen vernichtet. — Tatsächlich ist nur „U 9" dort gewesen und ohne Schaden oder Verlust heimgekehrt.

Die Panzerkreuzer „Aboukir", „Hogue", „Cressy" stammten aus dem Jahre 1900, hatten je 12200 Tons Wasserverdrängung, eine Bestückung von zwei 23,4 cm-, zwölf 15 cm- und zwölf 7,6 cm-Geschützen. Maschinen von 21000 Pferdekräften und 755 Mann. Durch ihren Verlust war das VII. englische Kreuzergeschwader gesprengt. Der Menschenverlust war sehr beträchtlich.

Der Erfolg von „U 9" hatte eine große Bedeutung insofern, als er der ganzen Welt zeigte, daß England nicht die Nordsee beherrschte, daß die Wirkung der deutschen Unterseeboote weiterreichend war, als man bisher geglaubt hatte, und daß ihre Handhabung und Ausnutzung in Händen von Offizieren lag, die mit kaltem Blut und fester Entschlossenheit günstige Gelegenheiten auszunutzen verstanden.

Den Verlust der drei Panzerkreuzer konnte in materieller Hinsicht die englische Marine wohl noch vertragen, der Untergang so vieler Seeleute war hingegen sehr schmerzlich, weil vollwertiger Ersatz nicht sofort zu beschaffen ist. Der moralische Eindruck dieses Verlustes bei der Bevölkerung sowohl als auch auf die Flotte war um so niederdrückender, als sich die besten englischen Unterseeboote von der E-Klasse seit Beginn des Krieges in der Deutschen Bucht die größte Mühe gegeben hatten, unsere Vorposten anzugreifen und in die Flußmündungen einzudringen.

Der Gegenangriff der englischen Unterseeboote.

Am 13. September vormittags wurde der Kleine Kreuzer „Hela" 6 Seemeilen südlich von Helgoland von dem englischen

Unterseeboot „E 9" mit Erfolg beschossen. Ein Torpedo traf ihn so unglücklich, daß er alsbald versank. Es gelang jedoch den herbeieilenden deutschen Schiffen, fast die ganze Besatzung zu retten bis auf vier Mann, die im Innern des Schiffes in der Nähe des Explosionsortes sich befunden hatten und dort wahrscheinlich getötet worden waren.

Mit diesem Erfolg gegenüber einem veralteten sehr kleinen Kreuzer von 2000 Tons Wasserverdrängung und einer Geschwindigkeit, die von den neuen U-Booten bei Überwasserfahrt erreicht wird, war kein Aufhebens zu machen; ebensowenig mit der Zerstörung des deutschen Torpedoboots „S 116", das von dem englischen U-Boot „E 3" am 6. Oktober vor der Ems einen Torpedotreffer erhielt.

Bald darauf wurde das englische U-Boot „E 5" unweit der Friesischen Inseln vernichtet.

Der englische Kreuzer „Hawke" zerstört.

Am 13. Oktober, mittags, wurden die englischen Kreuzer „Hawke" und „Theseus", welche sich im Wachtdienst auf der nördlichen Absperrungslinie befanden, von zwei deutschen U-Booten angegriffen. Dem „Theseus" gelang es durch geschicktes Ausweichen, dem auf ihn zulaufenden Torpedo zu entkommen, hingegen wurde „Hawke" mittschiffs getroffen und versank trotz seiner 192 wasserdichten Abteilungen in wenigen Minuten. Der glückliche Schuß kam aus einem Lancierrohr des „U 9", Kapitänleutnant Weddigen.

Das Seegefecht am 17. Oktober nahe der holländischen Küste.

Auf dem Wege von der deutschen Bucht nach dem Kanal wurde die deutsche Halbflottille, bestehend aus „S 115", „S 117", „S 118" und „S 119", am 17. Oktober, nachmittags, von dem englischen Kreuzer „Undaunted" und den Zerstörern „Lance", „Legion", „Loyal" und „Lennox" angegriffen, die am 16. Oktober zum Patrouillendienst von Harwich ausgelaufen waren.

Als der englische Kreuzer in einer Entfernung von 4 bis 5 Seemeilen das Feuer eröffnete, drehten die deutschen

Torpedoboote auf den Feind zu, indem sie das Feuer auf das lebhafteste erwiderten. Von ihren Torpedos konnten sie keinen erfolgreichen Gebrauch machen, da die Engländer an Geschwindigkeit weit überlegen waren und es ihnen deshalb leicht gelang, den deutschen Torpedos auszuweichen. Die englischen Zerstörer, welche später hauptsächlich das Gefecht führten, während die „Undaunted" aus Besorgnis torpediert zu werden, sich abseits hielt, waren den deutschen Torpedobooten auch artilleristisch sehr überlegen. Sie waren in den Jahren 1913/14 fertig geworden und liefen 30 bis 31 Seemeilen Geschwindigkeit, bei einer Wasserverdrängung von 980 Tons. Sie hatten eine Armierung von je drei 10 cm Kanonen. So konnte es denn, wenn nicht besondere Umstände zugunsten der Deutschen eintraten, z. B. Nebel, Nacht und sehr günstige Treffer, nicht zweifelhaft sein, wer unterliegen müßte. Es kämpften auf deutscher Seite:

240 Mann, zwölf 5 cm Kanonen und 1680 Tons Wasserverdrängung,

auf englischer Seite:

400 Mann, zwölf 10 cm Kanonen und 3920 Tons Wasserverdrängung.

Außerdem stand noch in Reserve die kürzlich zum erstenmal in Dienst gestellte „Undaunted" mit 400 Mann, zwei 15 cm und sechs 10 cm Kanonen.

Nach 1½stündigem Gefecht waren die deutschen Torpedoboote eins nach dem andern so durchlöchert worden, daß sie langsam versanken. Ein englischer Bericht sagt: Die deutschen Seeleute kämpften wie Helden, sie blieben an ihren Geschützen oder auf ihren anderen Posten und feuerten, so lange, bis sie tatsächlich unter Wasser waren. Die englischen Zerstörer hatten nur unbedeutende Beschädigungen aufzuweisen, als sie nach dem Gefecht in Harwich einliefen; auch ihre Mannschaftsverluste waren gering. Von den Deutschen waren 31 Mann aufgefischt und kriegsgefangen in Harwich an Land gebracht worden; darunter befand sich als einziger Offizier der Oberleutnant z. S. Kalau vom Hofe, der gleich nach der Ausschiffung seinen Wunden erlag.

Es war von Anfang an sehr aufgefallen, daß die Engländer nur eine so geringe Zahl der deutschen Besatzungen gerettet hatten, da die Umstände des Wetters und der See äußerst günstig waren und für ihre Schiffe keinerlei Seenot bestand. Es war gar nicht denkbar, daß durch die Waffenwirkung allein so viele getötet oder bei Untergang sofort ertrunken sein sollten. Holländische Fischdampfer fanden nach mehreren Tagen auf dem Kampfplatz eine größere Zahl in Schwimmwesten treibende Leichen, die offenbar verhungert und verdurstet waren. Angesichts dieser Tatsache konnte das englische Rettungswerk nur sehr eilig betrieben gewesen sein, lediglich mit dem Zweck, eine Anzahl Gefangene zum Ausfragen einzubringen; damit war dem englischen „Interesse" Genüge geschehen.

Das Lazarettschiff „Ophelia" von den Engländern geraubt.

Zu diesem Verhalten der Engländer paßt in eigentümlicher Weise das Auftreten des englischen Kreuzers „Undaunted". Am 17. Oktober abends trat er dem deutschen Lazarettschiff „Ophelia" in den Weg, das ausgelaufen war, um den Schiffbrüchigen von den Torpedobooten Hilfe zu bringen. Die „Ophelia" wurde beschlagnahmt mit der Behauptung, daß sie Minen an Bord hätte. Als die Durchsuchung diesen Vorwand sofort als hinfällig erwies, wurde die an Bord befindliche funkentelegraphische Einrichtung als gefährlich und die Beschlagnahme des Dampfers begründend bezeichnet. Das Schiff wurde nach Gravesend gebracht und die Besatzung als Kriegsgefangene zunächst nach Chatham transportiert.

Die Ärzte und Krankenträger der „Ophelia", jeder mit dem Abzeichen des Roten Kreuzes versehen, wurden durch eine Abteilung Soldaten mit aufgepflanztem Bajonett durch Gravesend hindurchgeführt, wo sie durch eine wütende Menschenmenge in empörendster Weise beschimpft wurden. Es hatte sich das Gerücht verbreitet, daß die „Ophelia", das angebliche Lazarettschiff, das harmlos aussehende Rote-Kreuz-Schiff, nicht an der holländischen Küste, sondern vor „Yarmouth" aufgegriffen worden sei; man hätte sie zwar nicht beim Minenlegen betroffen, auch hätte sich keine Mine mehr an Bord befunden, aber die Sache wäre sehr verdächtig.

Am 4. November ließ das britische Auswärtige Amt folgende Nachricht amtlich verbreiten: »Die Admiralität teilt mit, daß das deutsche Schiff „Ophelia", das die Rote-Kreuz-Flagge führte, festgehalten wurde, weil sein Name der britischen Regierung als Hospitalschiff nicht bekannt gegeben worden war, und weil es, als es angetroffen wurde, in einer Art und Weise auftrat, die mit den Pflichten eines Hospitalschiffes nicht übereinstimmte.«

Beide von der britischen Admiralität zu ihrer Rechtfertigung aufgestellten Behauptungen sind unrichtig.

Das deutsche Auswärtige Amt hat durch Vermittlung der deutschen und amerikanischen Gesandtschaft in Kopenhagen Anfang September das Staatsdepartement in Washington ersucht, in Gemäßheit des Haager Abkommens, betreffend die Anwendung der Grundsätze der Genfer Konvention auf den Seekrieg, vom 18. Oktober 1907, den Regierungen der feindlichen Seestaaten, insbesondere der britischen Regierung, die Namen einiger damals eingerichteten deutschen Hospitalschiffe, darunter der „Ophelia", bekannt zu geben. Nach einem an die amerikanische Gesandtschaft in Kopenhagen gerichteten und von dieser an die deutsche Gesandtschaft in Kopenhagen weitergegebenen Telegramm des Staatsdepartements in Washington, eingegangen in Berlin am 28. September, hat das Staatsdepartement jene Nachricht des Auswärtigen Amts der britischen Regierung am 7. September mitgeteilt.

Daß im übrigen das Hospitalschiff „Ophelia" nichts getan haben kann, was den Pflichten eines Hospitalschiffes widerspricht, ergibt sich schon daraus, daß sich kein Seeoffizier, sondern nur Krankenpflegepersonal an Bord befand, und daß der Auftrag des Hospitalschiffes allein dahin ging, die nach dem Seegefecht überlebenden Verwundeten und Schiffbrüchigen aufzusuchen und ihnen Beistand zu gewähren.

England versucht vergeblich, die Nordsee zu beherrschen.

Anfang Oktober 1914 legten die Engländer, an der belgischen Küste beginnend, einen breiten Streuminengürtel über den

Südausgang der Nordsee, der nur einen schmalen Weg für die Schiffahrt unmittelbar an der englischen Küste von Dover bis zur Themse frei ließ. Eine große Menge englischer und französischer Minen wurde für diesen Zweck gebraucht, wahrscheinlich auch alte Lagerbestände; denn es zeigte sich bald, daß die Minen-Ankertaue den starken Meeresströmungen jener Gegend nicht standhielten und viele losgerissene Minen an die holländische, später sogar an die dänische und norwegische Küste getrieben wurden. Viel Unheil ist dadurch der neutralen Schiffahrt zugefügt worden. Natürlich konnte nicht ausbleiben, daß die englische Regierung in verleumderischer Weise bei den Neutralen die deutsche Kriegführung als verantwortlich für den Schaden hinzustellen versuchte, obschon unparteiisch erwiesen wurde, daß ungefähr 75 v. H. der gestrandeten Minen englischer und 25 v. H. französischer Herkunft und daß sie entgegen den internationalen Vorschriften nicht entschärft waren.

Deutsche Minen können, sobald sie sich von ihrem Anker getrennt haben, weder Feind noch Freund gefährlich werden, da mit dem Zerreißen des Ankertaues die Entfernung der Zündvorrichtung automatisch erfolgt. Daß die deutschen Minen sich völlig zuverlässig erwiesen, haben holländische Seeoffiziere gelegentlich einwandfrei feststellen können.

Sämtliche Leuchtfeuer an der Ostküste Englands wurden gelöscht, damit kein Schiff sich nachts der Küste nähern sollte. Verschiedene Hafenplätze wurden für den Verkehr überhaupt gesperrt, z. B. Queenborough und Southampton. Alle Hafenorte an der Ostküste wurden für befestigte Plätze erklärt und, wo noch nicht geschehen, befestigt, ein Umstand, der später die englische Regierung nicht hinderte, über die Beschießung solcher Plätze durch deutsche Kriegsschiffe, als verbrecherische Kriegführung, sich zu entrüsten.

Schwer zu leiden hatten die Hochseefischer in der Nordsee, welche je nach ihrer Nationalität in den Verdacht der Begünstigung der kriegführenden Parteien gerieten und infolgedessen in ihrer Tätigkeit sehr beschränkt wurden. Neutralen Schiffern wurde das Fischen an der Ostküste Englands verboten und ihnen freigestellt, an der Westküste zu fischen. Auch den englischen Fischern wurde in gewissen Bezirken, z. B. im Firth of Forth, das Handwerk untersagt aus Rücksicht auf den militärischen Sicherheitsdienst, aber auch um sie zu zwingen, als Freiwillige in die Flotte einzutreten oder sich zum Minensuchdienst anzubieten, der täglich größeren Umfang annahm und viele Opfer an Menschen und Fischdampfern forderte. Während in früheren Jahren im Herbst 2000 Fischerfahrzeuge bei Lowestoft-Yarmouth versammelt waren, fanden sich jetzt nur höchstens 500 ein. Die Heringsfischerei hatte große Verluste und wurde fast vernichtet. Die Schleppnetzfischerei in Hull wurde geschlossen; den Vorteil davon werden im Frühjahr die norwegischen Fischer haben.

Der Seeverkehr nach den Handelshäfen der Ostküste Englands geriet allmählich ganz ins Stocken; in den übrigen englischen Häfen nahm die Zahl der einlaufenden Schiffe derartig zu, daß eine regelmäßige Entladung nicht erfolgen konnte. Infolge des Krieges fehlte eine große Anzahl Hafenarbeiter, die zur Flotte oder zum Heere abgegangen waren. Die Schiffe mußten z. B. im Londoner Hafen, aber auch in Liverpool, vier Wochen und noch länger warten, bis man zur Löschung ihrer Ladung schreiten konnte. Über daraus sich ergebende Verkehrsstörungen, Preissteigerungen und Stockungen der industriellen Tätigkeit herrschte nicht geringe Bestürzung. Diese wurde noch erhöht durch die gelegentlichen Vorstöße unserer Kreuzer über die Nordsee und das immer kühnere Vordringen unserer U-Boote und durch die Unsicherheit im Westen Englands, wo in den Gewässern der Minch die Hauptmacht der englischen Flotte verborgen lag.

Fortsetzung der deutschen Offensive gegen die englische Ostküste und den Kanal.
Die Beschießung von Yarmouth am 3. November 1914.

Am 3. November, 8 Uhr morgens, trafen die Verbände unserer Großen und Kleinen Kreuzer vor Yarmouth ein, ohne im geringsten durch die englischen Minenfelder behindert

Beschießung von Yarmouth am 3. November 1914.

worden zu sein, und eröffneten das Feuer auf die dort sich zeigenden Wachtschiffe, den Kleinen Kreuzer „Halcyon", der nach einigen Treffern das Weite suchte, und die dortigen Küstenwerke. Als die im Hafen ankernden englischen Kriegsschiffe keine Anstalten zum Auslaufen machten, wurde der Rückmarsch angetreten. Das Wetter war neblig und die Küste oft gar nicht zu sehen. Das englische Unterseeboot „D 5" geriet, als es sich den im Feuer mit den Küstenwerken stehenden Großen Kreuzern näherte, auf eine deutsche Mine und versank. Ähnlich erging es zwei Minensuchdampfern, die ebenfalls in kurzer Zeit nach Berührung der deutschen Minen untergingen.

Nachdem die deutschen Kreuzer glücklich zu ihrer Operationsbasis zurückgekehrt waren, ereignete sich das sehr bedauerliche Unglück mit dem Großen Kreuzer „Yorck", der auf der Reede von Wilhemshaven im Nebel auf eine Hafenminensperre geriet und schnell unterging. Die Menschenverluste waren leider beträchtlich.

Das Erstaunen über die Kühnheit unserer Kreuzer in England war groß. Wenn auch dieses Unternehmen nicht als ein besonderer militärischer Erfolg angesprochen werden konnte, so entstand doch der Eindruck in der ganzen Welt, daß England an seiner eignen Küste in der Nordsee in die Defensive geworfen war, und daß die englische Flotte sich nicht in der Lage gezeigt hatte, die Beschießung englischer Küstenplätze zu verhindern. Seit mehr als hundert Jahren hatten die Engländer keinen Kanonendonner feindlicher Schiffe an ihren Küsten gehört, jetzt fielen zum erstenmal deutsche Geschosse auf den englischen Strand. Sollte dies der Anfang zu einer gründlichen Umwälzung des englischen Herrschaftsbereichs gewesen sein?

Scheinbar ein Ausfluß der englischen Weltmacht, in der Tat aber ein Eingeständnis der Schwäche, war der Erlaß der englischen Regierung, der gerade an diesem Tage die ganze Nordsee als englisches Kriegsgebiet erklärte und im wesentlichen sagte, daß infolge der willkürlichen Minenlegung durch deutsche Schiffe unter neutraler Flagge (bisher haben die Engländer noch kein deutsches Schiff, das sich derart benommen haben sollte, nennen oder aufbringen können), die ganze Nordsee als Kriegsgebiet angesehen werden müßte. Vom 5. November an sollten alle Schiffe, die eine bestimmte Linie passieren, vom Nordpunkt der Hebriden durch die Faröer-Inseln nach Island, auf eigenes Risiko fahren, wenn sie sich nicht nach den Vorschriften der Admiralität richteten. Den Handelsschiffen aller Nationen, die nach Norwegen, der Ostsee, Dänemark und den Niederlanden fahren, wurde angeraten, durch den Kanal und bei Dover zu passieren. Von hier aus wurde ihnen ein Weg dicht entlang der englischen Küste angegeben, der durch englische Minensucher freigehalten werden sollte. Da die englischen Minensucher aber oft versagten, so waren neue Schiffsverluste der Neutralen die Folge. Der eigentliche Zweck der englischen Anordnung war, die Kontrolle des neutralen Handels nicht mehr auf hoher See vorzunehmen, sondern an der engen Straße bei Dover, wo jedes verdächtige Schiff sofort in dem dortigen Hafen festgehalten und untersucht werden konnte. Wenige Kriegsschiffe genügten für diesen Zweck, wenn die Neutralen, was sie trotz Protestes gehorsamst taten, die papierene Absperrung im Norden respektierten.

Untergang des englischen Linienschiffes „Audacious".

Das II. englische Linienschiffsgeschwader (Dreadnoughts) lief am Morgen des 27. Oktober aus Lough Swilly, einem beliebten Ankerplatz der englischen Flotte an der Nordküste Irlands, zu Übungen aus und geriet dabei auf eine Mine, die vermutlich von Engländern nicht gelegt war. Das Linienschiff „Audacious" (Stapellauf 1912) erhielt ein schweres Leck, eine Maschine wurde beschädigt, so daß es auf Strand gesetzt werden mußte, um die Besatzung zu retten. Zum Glück traf um 10 Uhr vormittags der von Amerika kommende große Postdampfer „Olympic" (Schwesterschiff der „Titanic", welche bekanntlich auf ihrer ersten Reise gegen einen Eisberg lief, und versank) auf der Unglücksstelle ein. Nach den Befehlen der Admiralität hatten die andern Linienschiffe ihren Kameraden im Stich gelassen und waren verschwunden; nur der Kleine Kreuzer „Liverpool", der in der offenen See stark rollte und deshalb wenig nützen konnte, war zurückgeblieben. Die Rettung der Besatzung gestaltete sich in dem hohen Seegang sehr schwierig und dauerte bis zum Einbruch der Dunkelheit. Da nach Lage der Umstände die Bergung und die Reparatur des Linienschiffes unmöglich und zwecklos schienen, wurde es spät abends gesprengt. Die englische Admiralität hat bis heute den Verlust des „Audacious" und die (wahrscheinliche) Beschädigung noch anderer Schiffe bei derselben Gelegenheit nicht zugestanden; durch Internierung der Passagiere und Besatzung der „Olympic" suchte sie das Bekanntwerden des Unfalls aufzuhalten, aus Rücksicht auf die in ihrem Selbstbewußtsein und Vertrauen auf die Flotte stark erschütterte britische Volksseele. Ähnlich soll es der Besatzung eines schwedischen Seglers ergangen sein, die in England festgehalten wurde, weil sie Leute von der Besatzung eines gesunkenen Linienschiffes gerettet hatte.

Die Versenkung des englischen Kreuzers „Hermes" und weitere Erfolge deutscher U-Boote.

Schon am 20. Oktober tauchten deutsche Unterseeboote nach dem Passieren des englischen Minenfeldes im Kanal auf, wo sie die englischen Kriegsschiffe des öftern an der wirksamen Beschießung der an der belgischen Küste stehenden deutschen Truppen hinderten, trotz der zahlreichen englischen Zerstörer und Patrouillenfahrzeuge, die von Dover ausgesandt wurden, um sie zu vernichten. Am 31. Oktober, morgens 8 Uhr, erhielt der englische Kreuzer „Hermes" auf der Rückkehr von Dünkirchen kurz vor Dover einen deutschen Torpedoschuß, der ihn in 45 Minuten versenkte. Durch herbeigeeilte Zerstörer wurde der größte Teil der Besatzung gerettet. Am 11. November wurde das Torpedokanonenboot „Niger", welches als Wachtschiff in dem schmalen Fahrwasser westlich des englischen Minenfeldes unter der Küste geankert hatte, durch ein deutsches Unterseeboot versenkt. —

Unsere U-Boote hatten im Monat Oktober angefangen, zu ihrer bisherigen Tätigkeit noch den Kreuzerdienst zu übernehmen; sie hielten in der üblichen Weise durch Kanonenschuß die Handelsschiffe an, kontrollierten die Schiffspapiere und die Ladung und verfuhren nach Lage des Falles. So hatte „U 21" den holländischen Dampfer „Batavia IV" bei dem Maasfeuerschiff angehalten und „U 17" am 20. Oktober unter der norwegischen Küste den englischen Dampfer „Glitra" durch Öffnen der Bodenventile versenkt, nachdem der Besatzung Zeit gelassen war, sich mit ihrer Habe in den Schiffsbooten zu retten. Am 23. November brachte „U 21" den englischen Dampfer „Malachite" zum Sinken, dessen Mannschaft es gelang, nach Le Havre sich zu bergen. Zwei Torpedoflottillen wurden nun zur Verfolgung des Unterseebootes ausgeschickt. Nachdem sie „U 21" am 25. November entdeckt hatten, entwischte es ihnen wieder und versenkte tags darauf bei Kap Antifer nördlich von Le Havre den englischen Dampfer „Primo", dessen Mannschaft auch gerettet wurde.

Nicht immer hatten unsere U-Boote Glück. An der schottischen Küste wurde „U 18", als es an die Oberfläche kam, sofort von einem englischen Zerstörer bemerkt, der mit voller Fahrt von hinten das U-Boot rammte und so verletzte, daß es versank. 3 Offiziere und 23 Mann der Besatzung wurden gerettet; ein Mann ist ertrunken. —

Um diese Zeit, am 25. November, flog das englische Linienschiff „Bulwark", das in Sheerneß an der Werft lag und dort seine Vorräte ergänzt hatte, aus bisher nicht aufgeklärtem Anlaß in die Luft. Nur 12 Mann wurden gerettet, alle Offiziere und 700 bis 800 Mann sind umgekommen. Es scheint eine Explosion der Pulverkammern vorzuliegen. Das Schiff sank in drei Minuten und war verschwunden, als sich die dichten Rauchwolken verzogen hatten. Das Linienschiff „Bulwark" stammte aus dem Jahre 1899, hatte 15250 Tons Wasserverdrängung, $18^1/_2$ Seemeilen Geschwindigkeit, vier 30,5-, zwölf 15 cm-Geschütze und 750 Mann Besatzung.

Die Beschießung englischer Küstenplätze und der englische Fliegerangriff auf Cuxhaven.

Am 16. Dezember erfolgte die Beschießung der befestigten Küstenplätze Scarborough und Hartlepool durch die deutschen Kreuzerverbände. Bei Annäherung an die Küste wurden unsere Schiffe bei unsichtigem Wetter durch vier Zerstörer erfolglos angegriffen, ein Zerstörer wurde vernichtet, ein zweiter entkam in schwer beschädigtem Zustande. Das Geschützfeuer auf die Küstenplätze wurde um 8 Uhr eröffnet und von Land aus erwidert; unsere Schiffe, die dicht an Land herangegangen waren, erhielten einige unbedeutende Treffer. In Hartlepool wurden die Batterien zum Schweigen gebracht und die Gasbehälter vernichtet. Die Küstenwachtstation und das Wasserwerk von Scarborough, die Küstenwacht- und Signalstation von Whitby wurden zerstört. Der Schrecken und die Erregung in England über diesen erneuten Vorstoß unserer Flotte waren tiefgehend, wenn sie sich auch hinter den gewohnten Verleumdungen der deutschen Kriegführung gegen unbefestigte Plätze usw. versteckten.

Das unsichtige Wetter und das kurze Tageslicht verhinderten eine Aktion großen Stils. Am Nachmittag traten die Kreuzer, ohne daß es zu einem Kampf mit den englischen Geschwadern gekommen wäre, die in der Nähe gewesen zu sein schienen, den Rückmarsch nach der deutschen Bucht an.

Diesen Besuch der deutschen Kreuzer erwiderten die Engländer mit einem Fliegerangriff auf Cuxhaven am Vormittag des 25. Dezember. Von Kreuzern und anderen leichten Streitkräften begleitet, kamen die Depotschiffe für Wasserflugzeuge nach der deutschen Bucht; dort stiegen die Flieger auf zum Angriff auf die in den Flußmündungen liegenden deutschen Kriegsschiffe und die Küstenwerke. Sie warfen verschiedentlich Bomben ab, ohne zu treffen. Bald unter Feuer genommen und von den deutschen Fliegern und Luftschiffen bedroht, wandten sie sich zur Flucht, ohne Schaden angerichtet zu haben. Hingegen kostete den Engländern dieser Vorstoß vier Wasserflugzeuge. Der Kreuzer „Arethusa" wurde von deutschen Bomben getroffen und beschädigt, auf einem anderen, ebenfalls von mehreren deutschen Bomben getroffenen englischen Schiff brach Feuer aus; auch zwei englische Zerstörer erlitten Beschädigungen. Die Engländer dürften mit dem Ergebnis ihres Angriffs, bei dem sich wiederum gezeigt hat, wie sehr auch zu Weihnachten die deutsche Küstenwacht auf dem Posten ist, recht wenig zufrieden gewesen sein.

Angriff deutscher Marineluftschiffe auf die englische Ostküste.

In der Nacht vom 19. zum 20. Januar unternahmen unsere Marineluftschiffe einen Angriff gegen die befestigten Plätze der Ostküste Englands, hauptsächlich gegen Yarmouth. Hierbei wurden trotz nebligem Wetter und Regen mehrfach Bomben mit Erfolg abgeworfen. Die Luftschiffe wurden beschossen, kehrten aber unversehrt zurück. Nach der moralischen Entrüstung zu urteilen, die sich in England infolge dieses Luftangriffes erhob, darf man annehmen, daß er wirkungsvoll gewesen ist und ernste Bestürzung und Befürchtung neuer Angriffe in naher Zukunft erweckt hat.

Die Versenkung des englischen Linienschiffes „Formidable".

Ein Schwesterschiff des „Bulwark", das Linienschiff „Formidable", wurde, als es in der Neujahrsnacht im Geschwaderverbande fuhr, durch zwei Torpedos eines deutschen Unterseebootes trotz hohen Seeganges und stürmischen Wetters am Westausgang des Kanals in den Grund gebohrt. Obschon das Schiff sich noch zwei Stunden nach dem ersten Treffer schwimmend erhielt, gingen doch dreiviertel der Besatzung verloren. Die anderen Schiffe des Geschwaders zerstreuten sich aus Furcht vor neuen Torpedoangriffen, und der zurückgelassene Kleine Kreuzer „Topaze" konnte wohl die erwünschte Hilfe bei dem Wetter nicht gewähren.

Das Seegefecht in der Nordsee am 24. Januar 1915.

(Mit einer Skizze.)

In der Nacht zum 24. Januar steuerte der Verband der deutschen Aufklärungsschiffe unter Befehl des Kontreadmirals Hipper in der üblichen Marschformation mit nordwestlichem Kurse, an Helgoland vorbei in der Richtung auf die Dogger Bank. Die Kleinen Kreuzer „Rostock", „Graudenz", „Kolberg" und „Stralsund" bildeten in größerem Abstand und in breiter, auseinandergezogener Front die Vorhut, hinter der die

Schlachtkreuzer „Seydlitz", „Moltke", „Derfflinger" und „Blücher" sowie zwei Torpedobootsflottillen marschierten.

Die Nacht verlief ruhig. Am Sonntag morgen sichteten die Kleinen Kreuzer voraus zuerst eine von einem Kleinen Kreuzer geführte englische Zerstörerflottille und später fünf große englische Schlachtkreuzer. Mit den feindlichen Kleinen Kreuzern entspann sich sofort ein unbedeutendes Feuergefecht, wobei die „Kolberg" zwei Treffer in den vorderen Aufbauten erhielt, die aber weder ihrer Geschwindigkeit noch ihrer Artillerie Abbruch taten.

Um 9 Uhr vormittags, als das deutsche Geschwader sich etwa 120 Seemeilen WNW von Helgoland befand, ließ der deutsche Admiral seine Kampfschiffe auf SO-Kurs schwenken, der sowohl in Hinsicht auf die für das Artilleriegefecht wichtigen Wind- und Beleuchtungsverhältnisse günstig war, als auch es ermöglichte, den Gegner nach der deutschen Küste und Helgoland hinzuziehen, wo Minensperren und Unterseeboote im Verein mit den schweren Geschützen der Küstenartillerie wirksam werden konnten.

Während die Schlachtkreuzer auf den befohlenen Kurs schwenkten, sammelten sich die Kleinen Kreuzer und Torpedobootsflottillen in einer Stellung seitwärts und vorwärts der Schlachtlinie, ohne deren Feuerbereich zu behindern. Der englische Admiral paßte sich diesem Manöver an und führte seine Schlachtkreuzer, an der Spitze das Flaggschiff „Lion", auf parallelem Kurse mit der höchsten Geschwindigkeit von 28—29 Seemeilen heran, sechs englische Kleine Kreuzer und zwei Zerstörerflottillen folgten am Schluß der Kiellinie der fünf Schlachtkreuzer. Mit Rücksicht auf den langsameren „Blücher" und um die Engländer auf Gefechtsentfernung herankommen zu lassen, fuhr die deutsche Linie mit einer Geschwindigkeit von 18—20 Seemeilen.

Als das englische Flaggschiff sich auf 18000 m Entfernung von dem deutschen Flaggschiff befand, einer Entfernung, auf der man die Schiffsrümpfe kaum zur Hälfte über dem Horizont sehen und charakteristische Kennzeichen des Oberbaues nur schwer erkennen kann, eröffnete die englische Linie das Feuer, das sofort erwidert wurde. Es ist erstaunlich, daß auf diese ungeheuren Entfernungen nicht nur das Einschießen schnell erfolgte, sondern auch wirkungsvolle Treffer erzielt wurden. Das Wetter war allerdings günstig, schwacher Wind und stille See, etwas dunstig auf dem Wasser. Das Feuergefecht wurde bald sehr lebhaft. Gewaltige Wassersäulen sprangen beim Aufschlagen der Geschosse in die Luft, dicke Wolken, aus dem Rauch der Explosionsgase und dem Wasserstaub gebildet, lagerten sich zwischen den beiden Schlachtlinien und verdecken zuweilen die Aussicht ganz. Mit einer Geschwindigkeit von 10 m in der Sekunde oder 20 Seemeilen in der Stunde stürmten die Schiffskolosse dahin, sich gegenseitig mit englischen 34,3 cm- und deutschen 30,5- und 28 cm-Granaten bewerfend. Wider alles Erwarten nutzte der englische Admiral die überlegene Geschwindigkeit seiner Schiffe nicht aus und zeigte kein Bestreben, auf entscheidende Gefechtsentfernungen heranzukommen, um das schwächere deutsche Geschwader zu überflügeln, von seiner Operationsbasis abzuschneiden und zu vernichten. Die Gefechtsentfernungen betrugen am Schluß des Gefechts noch 14 000 m, so daß der Kampf nur von der schweren Artillerie geführt wurde und unsere zahlreiche Mittelartillerie nicht zur Wirkung kam; es ist vielleicht gerade diese Mittelartillerie gewesen, die die Engländer vermeiden wollten.

Der am Schluß der deutschen Kiellinie fahrende „Blücher" wurde bald nach Beginn des Gefechtes schwer getroffen; er blieb zurück und machte darauf seine letzte Meldung: „Sämtliche Maschinen versagen." Schweren Herzens mußte ihn der Admiral seinem Schicksal überlassen. Von der vorderen Brücke bis zum Heck sah man Flammen und Rauch aus dem Schiff herausschlagen, das sich infolge der durch die Schußlöcher in das Innere strömenden Wassermassen langsam zur Seite neigte. Trotzdem setzte die tapfere Besatzung den Artilleriekampf fort bis zum Untergange. Er wurde ihm durch Torpedoschüsse bereitet, die von den englischen Zerstörern und Kleinen Kreuzern abgegeben worden waren, diese näherten sich aus Richtungen, welche die Kanonen des übergeneigten und bewegungslosen „Blücher" nicht mehr bestreichen konnten. Zwei englische Zerstörer wurden bei diesen wiederholten Angriffen vom „Blücher" in die Tiefe gesandt. Um die Mittagsstunde wurde auf „Blücher" eine besonders heftige Explosion beobachtet, und im Anschluß daran versank das Schiff. Das geschah um 12 Uhr 37 Minuten. Von englischen Zerstörern wurde eine größere Anzahl Überlebender gerettet, deren Zahl auf 200 Mann angegeben wurde, aber noch nicht sicher festgestellt scheint.

Daß die deutschen Granaten in der englischen Linie wirkungsvoll einschlugen, wurde von unseren Schiffen wohl bemerkt, jedoch konnte man wegen der großen Entfernungen und der oft behinderten Aussicht die Ergebnisse des Artilleriekampfes nicht mit der gleichen Sicherheit übersehen wie auf den Schiffen der eigenen Linie. Zunächst wurde beobachtet, daß das fünfte Schiff, der „Indomitable", bei „Blücher" zurückblieb und den Kampf gegen ihn so lange fortsetzte, bis der Torpedoangriff begann. Das zweite Schiff der Engländer, „Tiger", schor aus der Linie aus; es war ein starker Brand auf ihm ausgebrochen, auch zeigte es Schlagseite. Um die entstandene Lücke zu schließen, kam das dritte Schiff, wahrscheinlich die „Prinzeß Royal", an das Flaggschiff heran, so daß es schien — auf diesen weiten Entfernungen — als ob die englischen Schlachtkreuzer sich in zwei Gruppen aufgelöst hätten: „Lion" und „Prinzeß Royal", „New Zealand" und „Indomitable". Die englische Linie hielt nicht mehr zusammen. Schließlich gab auch das englische Admiralschiff seinen Posten auf, da es vorn einen Unterwassertreffer erhalten hatte, der ihm offenbar die Fortsetzung der hohen Geschwindigkeit unmöglich machte; es schor ebenfalls aus und blieb zurück. Die Kampfkraft des englischen Geschwaders war gebrochen.

Die schwerere Artillerie war auf englischer Seite: „Lion", „Tiger" und „Prinzeß Royal" führten acht 34,3 cm, „New Zealand" und „Indomitable" acht 30,5 cm. Auf deutscher Seite war nur ein Schiff, der „Derfflinger", mit acht 30,5 cm armiert, „Moltke" und „Seydlitz" hatten je zehn 28 cm-

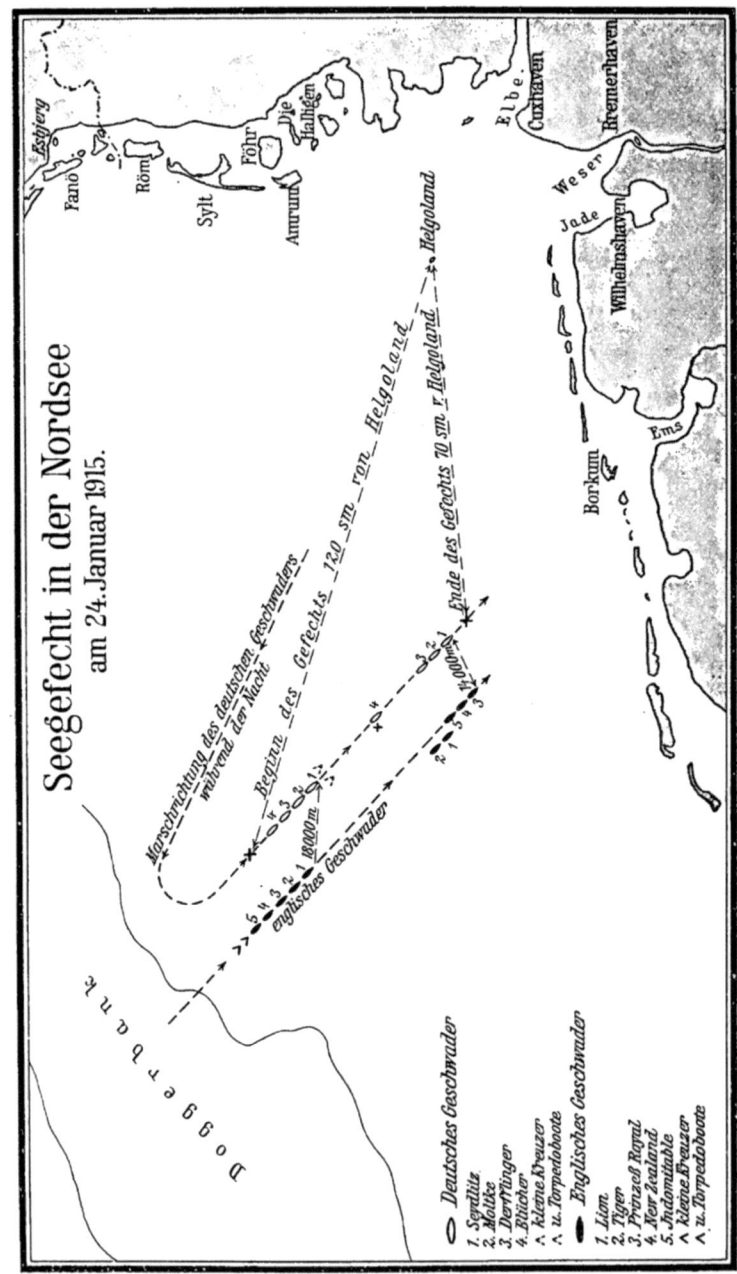

Das Seegefecht in der Nordsee am 24. Januar 1915.

Kanonen als Hauptarmierung, "Blücher" sogar nur zwölf 21 cm-Kanonen.

In einer Entfernung von 70 Seemeilen von Helgoland begann die englische Schlachtlinie zurückzubleiben, sie gab den Kampf auf und geriet bald aus Sicht. Vorher war noch das deutsche Torpedoboot "V 5" auf einen gekrängt liegenden Schlachtkreuzer, der aus den auf der See lagernden Dunstschichten auftauchte, günstig zu Schuß gekommen. Nach zwei Torpedotreffern war der englische Koloß von der Wasseroberfläche verschwunden. Diese Tatsache ist sowohl von dem Torpedoboot, als auch von einem in der Nähe befindlichen Luftschiff und dem Schlachtkreuzer "Moltke" unabhängig voneinander einwandfrei beobachtet worden. Der Name des gesunkenen Schlachtkreuzers konnte bisher mit Sicherheit von uns nicht festgestellt werden; dieser Umstand gibt der englischen Admiralität den Mut, den schweren Verlust dem englischen Volk und der Welt gegenüber abzuleugnen.

Als das englische Schlachtschiff "Lion" seinen Posten in der Schlacht nicht mehr innehalten konnte, da es einen schweren Treffer in die Backbordmaschinen erhalten hatte, ließ sich der englische Admiral durch einen herbeigerufenen Zerstörer auf die "Prinzeß Royal" bringen und führte von diesem Schiff, das nun die Spitze bildete, das Gefecht noch eine Zeitlang fort, wahrscheinlich damit seine beschädigten Schiffe Zeit gewönnen, einige Notarbeiten vorzunehmen.

Nach Abbruch des Gefechts soll der "Indomitable" den "Lion" in einen englischen Hafen geschleppt haben, weil dessen beide Maschinen unbrauchbar geworden waren. Auch ist bekannt, daß der Zerstörer "Meteor", der sich bei dem Angriff auf "Blücher" beteiligt hatte, mit eigner Kraft nicht mehr den Hafen erreichen konnte und deshalb geschleppt werden mußte.

Demgegenüber sind die Verluste und Beschädigungen auf deutscher Seite, wenn man den Untergang des Großen Kreuzers "Blücher" für mehr als ausgeglichen ansieht durch den eines der neuesten und größten englischen Schlachtkreuzer, sehr gering, so daß wir den Ausgang dieses Seegefechts als ein für uns günstiges Ergebnis ansprechen dürfen. Von allergrößter Bedeutung ist die Erfahrung, daß unsere schwere Artillerie, obwohl im Kaliber unterlegen, ausgezeichnet getroffen hat und imstande gewesen ist, auf die bisher ungewohnten weiten Entfernungen die englischen Panzerungen zu durchschlagen und die Schiffe lebensgefährlich zu verletzen.

Unsere leichten Streitkräfte beteiligten sich überhaupt nicht an dem laufenden Gefecht, ausgenommen das Torpedoboot „V 5", das eine günstige Gelegenheit ausnutzen konnte. Unsere Kleinen Kreuzer und Torpedoboote sind sämtlich zurückgekehrt, gänzlich unbeschädigt und ohne Menschenverluste. Von unsern Schlachtkreuzern erhielt nur „Seydlitz" einen ernsteren Treffer in die hinteren Aufbauten, wodurch ein Brand auskam, der die Munitionsversorgung der hinteren Türme störte. Kreuzer „Moltke" ist überhaupt nicht getroffen; „Derfflinger" hat einen Volltreffer auf eine Panzerplatte erhalten, die ihre Pflicht und Schuldigkeit tat und die feindliche Granate zerschellen ließ, so daß sie ohne Wirkung blieb. Die drei deutschen Schlachtkreuzer waren ohne weiteres zu sofortiger neuer Verwendung bereit, als sie zu ihrem Ankerplatz zurückkehrten.

Deutsche Unterseeboote gelangen in die Irische See.

In der Folge dehnten unsere Unterseeboote ihre Kreuzzüge immer weiter aus. Am 30. Januar erschien „U 21" in der Irischen See vor Liverpool und versenkte dort drei englische Dampfer. Zur selben Zeit war ein anderes U-Boot in der Gegend von Le Havre erfolgreich; es versenkte den großen englischen Dampfer „Taku Maru" mit 70 000 gefrorenen Hammeln; ein zweiter Dampfer, „Ikaria", der auch beschädigt war, konnte auf der Ladung schwimmend von französischen Torpedobooten noch in den Hafen bugsiert werden. —

Nachdem unsere U-Boote somit an verschiedenen Beispielen ihre Fähigkeit zur Unterbindung des Handelsverkehrs erwiesen und eine zunehmende Seeausdauer erworben hatten, erschien es durchaus verständlich, wenn planmäßig in größerem Umfange mit ihnen gegen die Zufuhren Englands, besonders auch im Westen, vorgegangen wurde. Eine Unterseebootsblockade war für diesen Zweck nicht notwendig; es genügte, die englischen Küstengewässer für deutsches Operationsgebiet zu erklären, indem man sich an das von der englischen Regierung bezüglich der Nordsee gegebene Vorbild hielt.

Ohne Zweifel bietet diese Methode für den Kriegführenden gewisse Vorteile; er ist nicht gezwungen, mit seinen Streitkräften jederzeit auf einem vor dem blockierten Hafen liegenden Seeraum in solcher Stärke sich aufzuhalten, daß die Sperrlinie von Handelsschiffen nicht ohne Gefahr passiert werden kann. Die Beherrschung des Operationsgebietes dürfte durch schnellfahrende, überraschend auftretende Unterseeboote in durchaus genügendem Umfange gesichert werden können. Es ist, um England empfindlich zu schädigen, gar nicht nötig, daß für einen begrenzten Zeitraum (Dauer der Operationsgebietserklärung) sämtliche Zufuhren abgeschnitten werden. Wenn auch einzelne Schiffe durchkommen, so bedeutet das für den englischen Magen sehr wenig.

Da die englischen Dampfer laut Anweisung der Admiralität das gefährdete Gebiet unter neutraler Flagge passieren sollen, alle größeren Dampfer, auch die nicht als Hilfskreuzer verwandten, mit Kanonen ausgerüstet sind und in Zukunft auch die kleineren englischen Fahrzeuge mit Maschinengewehren ausgerüstet werden sollen, so ist die Gefahr für Schiffe unter neutraler Flagge, wenn sie sich englischen Häfen nähern, ganz gegen die deutsche Absicht gesteigert worden. Gegen englische bewaffnete Schiffe ist jedes Unterseeboot berechtigt, aufs schärfste vorzugehen, auch dann, wenn sie sich unter eine neutrale Flagge gestellt haben. Ob es mit einem bewaffneten, unter neutraler Flagge fahrenden Engländer oder mit einem echten Neutralen zu tun hat, wird ein U-Boot mit Rücksicht auf seine eigene Sicherheit nicht immer feststellen können. Die deutsche Regierung hat es deshalb für notwendig gehalten, die Neutralen darauf aufmerksam zu machen und ihnen eine längere Frist zu geben, damit sie ihre Handelsschiffahrt warnen können, dem Operationsgebiet fern zu bleiben.

Aber nicht durch U-Boote allein, sondern auch durch Auslegen von Minen vor allen als befestigte Plätze erklärten Häfen der englischen Westküste gedenkt Deutschland den englischen Seehandel zu unterdrücken.

Mit diesen Maßnahmen deutscherseits tritt der Krieg gegen England in eine neue Phase. Das stolze Albion wird es am eigenen Leibe gewahren, daß es sich nicht um leere Drohungen handelt, sondern um bittern Ernst. Wir Deutschen aber sehen mit größter Zuversicht den kommenden Dingen entgegen.